Kuno Fischer · Über den Witz

PROMENADE

5

Herausgegeben von Gert Ueding

ÜBER DEN WITZ

Ein philosophischer
Essay

von
Kuno Fischer

Klöpfer & Meyer Verlag

»SCHÖNE SACHEN
ÜBER DAS KOMISCHE«

Kuno Fischer war kein Professor wie andere auch, er war eine Heidelberger Institution, die der Universität zugleich Prestige und Popularität verlieh, nicht umgekehrt. »Es schien, als ob Stadt und Universität ohne ihn nicht mehr zu denken seien«, so hat der Schüler und Freund Wilhelm Windelband in seiner Gedächtnisrede nach Fischers Tod im Juli 1907 diese Bedeutung gewürdigt. Er repräsentierte eine Epoche der deutschen Geistesgeschichte, die von den Persönlichkeiten großer Gelehrter bestimmt wurde. Universität und bürgerliche Bildung gehörten zusammen, die eine inspirierte die andere, und gerade die Geisteswissenschaften brauchten um ihren Sitz im Leben nicht zu fürchten: er erschien so fraglos, daß er nicht einmal zum Problem wurde. Schon in Jena, wo Fischer nach seiner Habilitation von 1856 bis 1872 lehrte, versammelte sich mehr als die Hälfte der gesamten Studentenschaft in seinen Vorlesungen, und in Heidelberg gab es wohl kaum einen Studenten, der nicht wenigstens einmal sein berühmtes Faust-Kolleg gehört hätte. Denn er verkörperte den in Deutschland selbst in der Glanzzeit seiner Gelehrtenrepublik seltenen »Typus des professeur orateur«, der, wie sich Windelband erinnerte, die Zuhörer nicht nur zu belehren, sondern auch »zu ergreifen verstand« und dem von der »feinsten Modulation des Ausdrucks« bis zum »schlagenden Witz« und zur »tieferregten Stimmung« alle Register der Beredsamkeit zur Verfügung standen. Kein Wunder, daß sein Einfluß auf die akademische Jugend so groß war und schon am Anfang seiner Karriere nicht bloß Neid und Mißgunst, sondern auch Feindschaft und behördliches Mißtrauen erregte.

Der 1824 (in Sandewalde) geborene Sohn eines schlesischen Pfarrers hatte 1847 in Halle über Platons Dialog »Parmenides« promoviert und war dann im Gefolge Ruges, Feuerbachs und der linken Hegelianer zum kritischen Kommentator der bewegten Tagesereignisse geworden, ehe er sich 1850 in Heidelberg habilitierte. Doch seine theologische Unzuverlässigkeit, spinozistische Gesinnung und politische Freigeistigkeit machten ihn verdächtig, so daß er die Venia legendi 1853 wieder einbüßte — da half auch der Protest berühmter Kollegen wie Gervinus, Schlosser oder Boeckh zunächst wenig; Heidelberg verlor seinen beredten Dozenten, dessen Vortrag »Begeisterungsstürme entfachte« (E. Selow), an Jena, doch wurde er 1872 an seine Heimatuniversität zurückberufen: »Nach Heidelberg komme ich mit Freuden, um dort zu leben und zu sterben.«

Seine Vorlesungen waren Kulturereignisse von Rang in der gebildeten Welt, und seine Bücher, gekrönt von der monumentalen und nie wieder erreichten »Geschichte der Philosophie«, galten schon den Zeitgenossen als Meisterwerke der philosophischen und literarischen Geschichtsschreibung. Windelband schildert, wie Fischer jede Vorlesung zum Kunstwerk machte, so sorgfältig war das Skript ausgearbeitet, so wirkungsvoll der Verlauf komponiert und so klar die Gedankenbewegung angelegt. Die Geschichte der Philosophie sollte selber ein »lebendiges Philosophieren« werden. Noch heute gibt es nichts Klareres, Genaueres und zugleich selbstdenkerisch Anregenderes als Fischers Erforschung des vielleicht schwierigsten Buches der Philosophiegeschichte, Hegels »Phänomenologie des Geistes«. »Alles, was er drucken ließ, mußte zuvor die Feuerprobe des Katheders bestanden haben. Er meinte mit Recht, man sei nur dessen gewiß, was man bis zur Klarheit erfolgreicher Lehre ausgereift hatte.« So Windelbands Erklärung von Fischers Arbeitsweise; dieser selber hatte schon früh im Brief an Hermann Hettner die »philosophische Kunstform« als »moderne Nothwendigkeit« eines Philosophierens nach dem Ende der großen Systeme definiert und als seine methodische Maxime den »plastischen Humor« genannt. »Da gewinnt dann auch die rhetorische Kunstfertigkeit wieder den Rang hermeneutischer Erkenntnis zurück, und stilistische Fragen sind nicht artistischer Luxus«, sondern Probleme der Aufklärung und Durchdringung.« Um den Numerus in der Prosa«, schrieb er daher an Hettner »den ich für ebenso wichtig als schwierig halte, habe ich mich ernstlich bemüht.«

Auch seine Leser profitierten von dieser rhetorischen Auffassung seines Metiers. Man rühmte ihn als Meister des ideengeschichtlichen Essays, und worüber immer er schrieb: die Entstehung dieser Kunstform aus dem Geist der Rhetorik ist überall greifbar. Seine Arbeiten über Lessing, Schiller, Goethe, Shakespeare waren daher alle auch Publikumserfolge, standen gleichermaßen im Bücherschrank des Literaturliebhabers wie des Gelehrten. Als freilich diese Allianz zerbrach, verblaßte auch das Bild dieses artistischen Philosophen und essayistischen Künstlers. Seine Werke muß man heute in Antiquariaten suchen, und sogar von so einem lebendigen Stück essayistischer Prosa wie Fischers Versuch »Über den Witz« konnte man Exemplare der zweiten Auflage von 1889 noch kürzlich verlagsfrisch erwerben. Dem Phänomen des Komischen hatte Fischer schon in seiner ästhetischen Jugendschrift »Diotima. Die Idee des Schönen« (1852) eine gesteigerte Aufmerksamkeit gewidmet und es als »ästhetische Weltschöpfung« definiert. Als er später zu dem Thema zurückkehrte (die 1. Auflage des Essays »Über den Witz« erschien 1871), hatte sich sein Interesse verändert. Jetzt steht die spezifisch ästhetische Erfahrung des Komischen im Vordergrund, sein Beitrag zur »menschlichen Selbsterkenntnis«, und das ist durchaus modern, also psychologisch gemeint. Die *logische Erklärung des Witzes, wie sie in Rosenkranz' »Ästhetik des Häßlichen« dominiert, interessiert Fischer nur am Rande; der Triebfeder und den Entwicklungsformen des Komischen gilt seine Aufmerksamkeit: »Der Witz entspringt aus dem freien und erhöhten Selbstgefühl und wirkt steigernd auf dasselbe zurück.« Doch niemals verselbständigt sich der psychologische Gesichtspunkt zu einem Augurium des Triebgefüges wie so oft nach Freud; die rhetorische, wirkungsästhetische Perspektive und die historische Funktion der witzigen Rede weiten den Blick auf alle Aspekte des Themas bis hin zu seiner Zuspitzung im satirisch-polemischen Kampf: »Was man gründlich und ganz vernichten will, muß man nicht in seinem Dasein, sondern in der Vorstellung der Menschen angreifen, man muß die letztere vernichten, d. h. entwerten, den Unwert ihres Gegenstandes klar machen, diesen in seiner ganzen Nichtigkeit entblößen.« Fischers Analyse des Witzes schließt zwar an seine noch ganz hegelianisch orientierten Diotima-Briefe von 1852 an (die »schönen Sachen über das Komische« im 8. Brief hatte schon Rosenkranz gerühmt), befreit sich aber von den begriffsdialektischen Diskussionen der Vergangenheit. Ihren Reiz gewinnen seine Überlegungen für den modernen Leser nicht nur aus ihrer Anwendbarkeit auf die generelle Rezeption des Komischen, also auch auf seine Funktion in Propaganda und Werbung, im gesellschaftlichen Umgang und in den Massenmedien, sondern ebenso durch ihre souveräne literarische Illustration. Sie zeugt von einem heute fast fremdartig gewordenen Bildungshorizont und schließt dessen Formen und Inhalte doch zugleich an die modernen Medien menschlicher Selbstverständigung an. Eine Nachbarschaft, die nur den geschichtslosen Geist überrascht, die aber, konsequent weitergeführt, den Weg zu den höheren Formen der Komik und zur Heiterkeit einer anderen Welt öffnet, mit deren Hilfe*

wir uns ein Stück Freiheit auch in dieser Welt erhalten kön-
nen, an die uns sonst Sarkasmus und Satire auf immer fes-
seln müßten.

Gert Ueding

VORWORT

Dieses kleine Werk, eine Frucht viel durchdachter und gern gepflogener Betrachtungen, ist längst vergriffen. Es war aus akademischen Vorträgen, die ich einst in Jena über die ästhetischen Vorstellungsarten gehalten hatte, hervorgegangen und sollte meinen Zuhörern wie Lesern zu heiterer Belehrung dienen. Nun es diese Probe einer nützlichen und angenehmen Wirkung bestanden hat, lasse ich es als Glied einer schon begonnenen Sammlung kleinerer Schriften von neuem in die Welt gehen.

Karlsbad, im April 1889.

K. F.

INHALT

ERSTER ABSCHNITT
DIE ENTSTEHUNGSART DES WITZES

I. Einleitung

Unter den verschiedenen Formen, worin die menschliche Natur sich in ihrer eigensten Art betätigt, haben mich von jeher die ästhetischen Vorstellungsweisen besonders angezogen, und ich habe sie oft und gern zum Gegenstande meines Nachdenkens gemacht. Unwillkürlich, wie Empfindungen oder Affekte, die wir nicht unterlassen können, treten sie hervor, diese Gefühle des Wohlgefallens und Mißfallens an den Erscheinungen der Welt: ein Beweis, daß sie uns nicht künstlich angebildet, sondern durch unsere Natur selbst gegeben und gefordert sind. Sie bedürfen zu ihrer Befriedigung nichts als die bloße Betrachtung oder Vorstellung der Objekte: ein Beweis, daß sie frei sind von der Notdurft des Lebens und darum überhaupt freier Natur und geistiger Abkunft. Unwillkürlich und zugleich frei, notwendig nach Art einer naturgemäßen Wirkung und kontemplativ nach Art des Geistes: so vereinigen sie jene beiden Elemente oder Grundtriebe, wie Schiller sie nannte, die in ihrer Trennung und Entgegensetzung Bruchstücke der menschlichen Natur, in ihrem Einklange, in ihrer ungesuchten Verbindung die ungeteilte und wahre menschliche Natur ausmachen.

Wer diese letztere kennen lernen will, muß den Menschen in seinen ästhetischen Vorstellungsweisen beobachten und ergründen. Wie sie unwillkürlich aus der Entwicklung der menschlichen Natur hervorgehen, so nehmen sie an dieser teil, erleben selbst eine reiche Metamorphose und durchlaufen eine Reihe von Entwicklungsformen und Stufen, woraus, wie kaum aus einem anderen Zeugnis, der echte zur Natur gewordene Bildungsgrad des Menschen erkannt und beurteilt werden kann. Sie sind der unverfälschte Ausdruck, zugleich das Kennzeichen und der Maßstab menschlicher Entwicklung. Es heißt: »sage mir, mit wem du umgehst, und ich will dir sagen, wer du bist«. Es darf mit noch größerer Sicherheit gelten: »sage mir, was dir gefällt, und ich werde wissen, nicht bloß wer du bist, sondern auch wie weit du bist«.

Die Einsicht in die Natur und Entwicklungsformen unserer ästhetischen Vorstellungen bildet daher eine der wichtigsten und fruchtbarsten Aufgaben der menschlichen Selbsterkenntnis und richtet sich als solche an das philosophische Nachdenken. Je einfacher und eingelebter diese Vorstellungsweisen sind, um so leichter sind sie erkennbar; sie sind um so schwieriger zu erkennen, je zusammengesetzter und vorübergehender sie sind. Und hier möchte dem Versuch einer wissenschaftlichen Auflösung gegenüber sich kaum eine so schwierig verhalten als die Erscheinung des *Witzes*, der ohne Zweifel zu den ästhetischen Vorstellungsarten gehört, aber von so flüchtiger Gestalt ist, daß es schwer hält, ihn zu beobachten, und von einer so großen Mannigfaltigkeit der Formen, daß es noch schwieriger ist, ihn zu umfassen.

Wenn eine richtige wissenschaftliche Erklärung einer fruchtbaren, faßlichen und genauen Formel gleichen soll, woraus sich der Gegenstand seinem ganzen Umfange nach sicher und leicht entwickeln läßt, so möchte sich kaum eine Definition des Witzes vorfinden lassen, welche diese Probe besteht. Entweder sind die versuchten Erklärungen zwar faßlich, aber bei weitem nicht treffend, oder sie sind wohl tiefer und gründlicher angelegt, aber nicht einfach und klar genug, um die Entwicklung und den Reichtum der Formen verständlich zu machen.

II. Die verfehlte Erklärung

Man kennt die herkömmliche und alte Erklärung, wonach der Witz in der Fertigkeit bestehen soll, Ähnlichkeiten zwischen Unähnlichem, d.h. versteckte Ähnlichkeiten zu finden. Es ist leicht zu sehen, daß in dieser Erklärung die beiden Grundfehler einer mangelhaften Definition zusammentreffen: sie ist zu eng und zu weit. Zu weit, denn es gibt z.B. in den vergleichenden Wissenschaften eine Menge Urteile, welche dasselbe tun und keineswegs unter die Witze gezählt werden; zu eng, denn es gibt eine Menge witziger Urteile, die als solche gelten und empfunden werden und keineswegs Ähnlichkeiten, sondern Unterschiede hervorspringen lassen. Wenn z.B. Heine, um eine gewisse Universität zu verspotten, sagt, »daß in jedem Semester die Studenten wechseln, aber die Professoren dieselben bleiben, wie die Pyramiden Ägyptens, nur daß in diesen Universitätspyramiden keine Weisheit wohnt«, so hat er mit dieser Vergleichung von Professoren und Pyramiden zweimal witzig sein wollen, das erstemal mit der Ähnlichkeit, das zweitemal mit dem Unterschied beider.

Ich kann nicht finden, daß Jean Paul, der in seiner Vorschule zur Ästhetik sehr viel Geistreiches über den Witz gesagt hat, in der Erklärung desselben glücklicher gewesen ist. Er hat weiter ausgeholt, aber nicht weiter gereicht als die alte Definition. Er sucht den Witz in der Vergleichung von Vorstellungen und findet, daß hier drei Fälle möglich sind: entweder man findet bei größerer Ungleichheit der Vorstellungen deren teilweise Gleichheit, oder bei größerer Gleichheit deren teilweise Ungleichheit, oder endlich man findet die gänzliche Gleichheit. Etwas faßlicher ausgedrückt: im ersten Fall entdeckt man bei verschiedenen Vorstellungen die verborgenen Ähnlichkeiten, im zweiten die verborgenen Unterschiede, im dritten die Gleichheit. Das erste, sagt Jean Paul, tut der *Witz*, das zweite der *Scharfsinn*, das dritte der *Tiefsinn*. Da haben wir die alte Erklärung, nur mit dem Vorteil, daß ihre Unzulänglichkeit hier sofort einleuchtet. Als ob der Witz nicht auch scharfsinnig, Scharfsinn und Tiefsinn nicht auch witzig sein könnten!*

Der Fehler dieser und ähnlicher Erklärungen ist, daß sie ihren Gegenstand in fertigen Formen, in einer Reihe bekannter Beispiele vor sich haben, die gemeinsamen Merkmale dieser vorhandenen Exemplare aussuchen, sammeln und daraus die Definition zusammenstellen, die nun, wenn es gut geht, für einige Fälle, nicht für alle paßt und darum auch für die wenigen nur scheinbar. Man kann die Dinge aus ihren äußeren Merkmalen beschreiben, aber nicht erklären, sonst wäre der Steckbrief die beste Definition. Um sie zu erklären, muß man sie aufsuchen in ihrem Ursprunge, in ihrer Entstehung. Aus der Art, wie etwas wird, erkennen wir am besten, was es ist.

Und wie die Begriffsbestimmung des Witzes zu eng und zu weit ist, so auch der Gebrauch, den man von dem Worte gemacht hatte; man hat das Wort Witz in einem sehr weiten und zugleich sehr engen Sinn genommen, wenn man darunter alles umfaßte, was zu den Faktoren der sogenannten schönen Literatur zählt: die Kunst, die sie hervorbringt, den Geschmack, der sich an ihren Werken ergötzt, den Verstand, der sie beurteilt. Unter Gottsched's Herrschaft erschien eine Zeitschrift: »Belustigungen des Verstandes und Witzes«. Als um die Mitte des vorigen Jahrhunderts die Vossische Zeitung in Berlin eine zur schönwissenschaftlichen Kritik bestimmte Monatsbeilage annahm, deren erster Redakteur Lessing war, so nannte sich dieses Blatt: »Das Neueste aus dem Reiche des

---

* Jean Paul hat diesen Einwand selbst gegen die alten Definitionen gerichtet, gleich darauf aber den »Witz im engern Sinn« so erklärt, daß er ihn auf die versteckten Ähnlichkeiten anweist und einschränkt.

Witzes«. Auf diese Art wird das Wort zum leeren Titel, unter dem auch das Gegenteil des Witzes mitläuft. Um also gleich die nähere Grenze zu ziehen, so soll hier unter Witz jene allen bekannte Vorstellungsart verstanden und erklärt werden, der die erzeugende und mitteilende Kraft des *Komischen* inwohnt. Versuchen wir, auf dem von Aristoteles gebahnten Wege unsere Begriffsbestimmung zu erreichen, indem wir aus seiner Gattung den artbildenden Unterschied entspringen lassen, der das Wesen des Witzes ausmacht.

III. Die ästhetische Freiheit und Vorstellung

Da der Witz innerhalb der komischen Vorstellungsweise entspringt, welche selbst rein ästhetischer Art ist, so geht der Weg zur Lösung unserer Aufgabe durch die beiden Vorfragen: was heißt überhaupt ästhetisch vorstellen? Und wie wird die ästhetische Vorstellung komisch? Ich werde beide Fragen so zu beantworten suchen, daß ich nichts voraussetze als die psychologische Tatsache und deren Erfahrung.

Es gibt zwei Arten, wie sich der Mensch zu den Dingen verhält: entweder *begehrend* oder *betrachtend*.

Wo etwas begehrt wird, da wird etwas gewollt oder erstrebt, da ist irgend ein Lebenszweck im Spiel, der seine Erfüllung fordert. Diese Zwecke sind bei dem Reichtum der entwickelten Menschennatur sehr mannigfaltig, ihr Gebiet umfaßt alle unsere Interessen, die natürlichen Triebe und Lebensbedürfnisse, wie die Aufgaben der Bildung und Wissenschaft von der niedrigsten bis zur höchsten. Ob ich nun den Gegenstand verzehren oder bearbeiten oder erkennen und wissenschaftlich durchdringen will, in allen diesen Fällen will ich etwas, das mich mit dem Gegenstande handgemein macht: ich will etwas von oder mit ihm, das mich nötigt ihn zu ergreifen und, gleichviel in welcher Absicht, in meine Herrschaft zu bringen. Ich bin mit dem Gegenstande verwickelt, lasse ihn nicht, wie er ist, verändere ihn nach dem Zwecke, den ich vorhabe, und zwinge ihn nach meinem Willen, wie es die Richtung der Begierde oder Absicht, die ich hege, verlangt. So ist der Gegenstand mir gegenüber unfrei. Aber auch ich bin gegenüber dem Gegenstande, zu dem ich mich begehrend verhalte, nicht frei. So lange wir etwas begehren, sind wir unter dem Zwang der eigenen Begierde, die, je gewaltiger sie ist, um so mächtiger und unwiderstehlicher uns treibt, es sei nun eine ungestillte Leidenschaft oder eine ungelöste Aufgabe. Erst die Befriedigung gibt uns die Freiheit, die wir im Zustande der Begierde suchen und darum nicht haben.

Nehmen wir dagegen den Zustand der Freiheit, wo nicht dieses oder jenes begehrt wird, wo wir für einen Augenblick frei und ledig sind aller Bedürfnisse und Aufgaben, die unsere gewohnten Lebensinteressen, die Bürde und den Druck des Lebens ausmachen: so ändert sich von hier aus unser ganzes Verhältnis zu der Welt und den Dingen. In demselben Maße, als wir selbst von Begierden frei sind, lassen wir auch die Dinge außer uns frei; wir wollen nichts von und mit ihnen, wir wollen sie nicht brauchen, sondern bloß *betrachten*, bloß vorstellen und in der bloßen Vorstellung genießen. Gegenstand der bloßen Betrachtung kann nichts anderes sein als die Form oder das Bild der Dinge; die bloße Betrachtung kann nichts anderes sein als die in das Bild der Welt versenkte, davon erfüllte und gesättigte Anschauung. Die Befriedigung, die eine solche Betrachtung gewährt, ist reiner Phantasiegenuß. Dieser Genuß, diese Vorstellungsart ist die *rein ästhetische*, die nur in sich beruht, nur in sich ihren Zweck hat und keine anderen Lebenszwecke erfüllt.

Der Zustand der Freiheit und die ästhetische Betrachtungsweise tragen und bewirken sich gegenseitig. Was uns den Zustand der Freiheit beeinträchtigt oder nimmt, das trübt zugleich unsere ästhetische Vorstellung oder verdunkelt sie gänzlich, es sei eine Aufgabe, die mich beschäftigt, oder eine Sorge, die mir schwer aufs Herz fällt, eine Angst, die mich beunruhigt, ein Leiden, das mich quält. Wir sind von dieser einen Vorstellung wie gefesselt, und die Eindrücke der übrigen Welt gehen wie unbemerkt an uns vorüber. Und sobald die Aufgabe glücklich gelöst ist, die Sorge von uns genommen, das Leiden geheilt, der Affekt beschwichtigt, die peinliche Unruhe gestillt, atmen wir wieder auf und werden wieder offen für die Welt, frei und empfänglich.

Unser gewöhnliches Leben, wie es täglich verläuft, umfaßt eine gewisse Menge von Interessen, die uns ganz in Anspruch nehmen, unser Leben teilen, erschöpfen, verbrauchen. Die Anspannung einiger Kräfte drückt die übrigen Fähigkeiten der menschlichen Natur zu Boden. Kommt nun der Zustand der Freiheit, der jene Spannung löst und damit diesen Druck zugleich erleichtert oder aufhebt, so treten wir gleichsam zurück in den Vollbesitz unserer Natur, in die Sammlung und Einheit aller unserer Fähigkeiten, deren Inbegriff die reine Empfänglichkeit ist. Es ist ein Augenblick der Erneuerung und Verjüngung des Daseins, wo wir mit voller ungebrochener Lebensfrische, als ob noch nichts von uns verbraucht und verlebt wäre, die Welt in uns aufnehmen, und diese uns erscheint, als wäre sie noch so jugendlich und »herrlich, wie am ersten Tag«.

Ich möchte, um ein einfaches und jedem bekanntes Beispiel zu brauchen, diesen Zustand der Freiheit, der uns die volle Empfänglichkeit zurückgibt und die ästhetische Weltbetrachtung aus sich hervorgehen läßt, dem herrlichen Morgengefühle vergleichen, womit wir aus dem erquickenden Schlaf wie verjüngt und neugeboren erwachen. So schildert Goethe den Aufgang seines dichterischen Berufs in den ersten Worten der Zueignung:

Der Morgen kam; es scheuchten seine Tritte
Den leisen Schlaf, der mich gelind umfing,
Daß ich, erwacht, aus meiner stillen Hütte,
Den Berg hinauf mit frischer Seele ging;
Ich freute mich bei einem jeden Schritte
Der neuen Blume, die voll Tropfen hing;
Der junge Tag erhob sich mit Entzücken,
Und alles war erquickt, mich zu erquicken.

Um die Welt ästhetisch oder wie im Bilde zu betrachten, müssen wir die engen Räume, wo unsere Sorgen und so manche verdrießliche Affekte wohnen, loswerden; das Bedürfnis nach ästhetischer Freiheit treibt uns in die freie Natur, die uns umgibt, erweckt in uns die Wander- und Reiselust. Wir suchen eine Welt auf, in der wir noch nicht gelebt und gelitten haben, die nicht an uns gezehrt, keinen unserer Affekte erregt und verbraucht hat, die wir daher ohne jede trübende Stimmung rein wie im Bilde betrachten. Der fortdauernde Genuß ästhetischer Freiheit, den das Reisen verspricht und gewährt, bringt jene Gemütsheiterkeit mit sich, die man ganz richtig mit dem Worte »Reisehumor« bezeichnet. Schon das Vorgefühl einer solchen dem ästhetischen Genuß gewidmeten Reise weht uns wie frische Morgenluft an.

Das ästhetische Verhalten ist in seinem Ursprunge von allem begehrenden Verhalten unterschieden und demselben entgegengesetzt. Es hat daher von Grund aus einen ganz anderen Charakter, der aus dem Gegensatze sogleich einleuchtet. Unsere Lebensinteressen, so groß oder klein sie sein mögen, enthalten Ziele, die erreicht sein wollen; jedes dieser Ziele ist eine ernste Aufgabe, die Erreichung kostet Anstrengung und Arbeit. Im Gegensatz zur Arbeit ist das ästhetische Verhalten *spielend*, im Gegensatz zum Ernste des Lebens ist es ungetrübt und *heiter*, weil es bloß betrachtend ist, bloß formgenießend. »Aber in den heiteren Regionen, wo die reinen Formen wohnen, rauscht des Jammers trüber Sturm nicht mehr.« Es war einer der fruchtbarsten Gedanken Schillers, diesen Grundzug des ästhetischen Verhaltens, den er den Spieltrieb nannte, in seiner ganzen Bedeutung und Tragweite richtig erkannt zu haben. »Ernst ist das Leben, heiter ist die Kunst.« Sie wäre nicht heiter, wenn die ungetrübte, von dem Drucke des Lebens freie Betrachtung nicht der Grundcharakter alles ästhetischen Verhaltens wäre.

Es könnte sein, daß aus der ästhetischen Freiheit auch eine von der gewöhnlichen Fessel und Richtschnur losgelöste Art des Urteilens entspringt, die ich um ihres Ursprunges willen *das spielende Urteil* nennen will, und daß in diesem Begriff die erste Bedingung, wenn nicht die ganze Formel enthalten ist, die unsere Aufgabe löst. »Freiheit gibt Witz, und Witz gibt Freiheit«, sagt Jean Paul. »Der Witz ist ein bloßes Spiel mit Ideen.«

Diese Bemerkung ist fruchtbarer als seine schon erwähnte Erklärung.

IV. Das Erhabene und Komische

1. Das Erhabene

Indessen muß ich zuvor die Natur der ästhetischen Betrachtungsweise etwas näher beleuchten und einen Gegensatz der Richtungen hervorheben, der aus ihrer innersten Anlage notwendig folgt. Jenes Bedürfnis nach ästhetischer Freiheit, die uns in den Zustand bloßer Betrachtung versetzt, will auf eine doppelte Weise befriedigt, der Zustand ästhetischer Freiheit selbst will in zwei einander entgegengesetzten Grundformen hergestellt werden. Was uns unfrei macht und in die Enge treibt, ist der Druck von zwei Seiten, die zusammenwirken:

die Bürde des eigenen Daseins, die wir tragen, und der Druck der Welt, den wir leiden.

Die Bürde des eigenen Daseins ist der Inbegriff jener Begierden, Interessen und Lebenszwecke, denen wir nachjagen, und deren Getriebe in jedem einzelnen das kleinere oder größere, aber immer beschränkte Gebiet seines Lebens ausmacht, das Schneckenhaus, in dem wir wohnen und mit dem die Gewohnheit uns zusammenwachsen läßt; es sind nach dem schönen Ausdrucke Platons jene Muscheln und Tangen, die uns umwachsen haben und bedeckt halten. Um alles in einem zu sagen: diese Bürde ist *das eigene Ich in seiner Beschränkung*. Wir sind im ästhetischen Sinne frei, wenn wir in der bloßen Betrachtung der Dinge uns selbst in diesem beschränkten Sinne loswerden, wenn wir in die bloße Betrachtung eines Gegenstandes versinken und gleichsam ohne Rest darin aufgehen bis zu völliger Selbstvergessenheit. Dies ist nur möglich, wenn wir von einem Gegenstande in der bloßen Vorstellung so überwältigt und über unser eigenes Dasein so hoch hinausgerückt und erhoben werden, daß wir vor uns selbst verschwinden: diese Betrachtungsweise ist das ästhetische Staunen, die ästhetische Bewunderung oder das *Erhabene*.

Das Bedürfnis erhabener Vorstellungen und deren Genuß liegt einzig und allein darin, daß wir in dieser Betrachtung frei werden von uns selbst, daß uns zumute wird, als ob die engen Wände unseres Daseins zusammensinken und nichts mehr ist, das uns einschränkt. Ja, es ist etwas von Seligkeit in dem Genuß des Erhabenen! »Opfert freudig auf, was ihr besessen, was ihr einst gewesen, was ihr seid, und in einem seligen Vergessen schwinde die Vergangenheit!« Es ist eine Vernichtung, welche Erhöhung ist. Man kann dafür keinen besseren und kürzeren Ausdruck finden als das Wort des Goetheschen Faust, wie er sich an die Erscheinung des Erdgeistes erinnert:

»In jenem sel'gen Augenblicke, ich fühlte mich so klein, so groß!«

Die Dinge sind nicht an sich erhaben, sie sind es nur, sofern die Vorstellung derselben uns erhebt, sofern wir in der bloßen Betrachtung des Objekts uns über das gesamte Niveau unseres Daseins und unserer gewohnten Vorstellungen erheben. Dieses Niveau der menschlichen Vorstellungen ist sehr verschieden und mannigfaltig abgestuft. So verschieden sind auch die erhabenen Vorstellungen, sie entwickeln sich stufenmäßig von dem sinnlichen Großen und Gewaltigen bis hinauf zur Betrachtung »des großen gigantischen Schicksals, welches den Menschen erhebt, wenn es den Menschen zermalmt«.

Es ist jetzt nicht meine Aufgabe, den Entwicklungsformen des Erhabenen nachzugehen. Das ästhetische Verhalten in dieser Vorstellungsweise besteht in einem Kontrast: wir verhalten uns zu der erhabenen Vorstellung, wie das Unendlichkleine zu dem Unendlichgroßen. Das Erhabene ist die eine Grundform, in welcher die ästhetische Freiheit sich herstellt: frei werden von sich selbst in der bloßen Betrachtung der Dinge.

2. Das Komische

Die zweite nimmt die entgegengesetzte Richtung. Hier gilt es vermöge der bloßen Betrachtung frei werden von dem Drucke der Welt, von der Macht, womit die Dinge uns einengen und auf uns lasten. Nicht mehr werden wir von der Vorstellung des Objekts ganz beherrscht und überwältigt, sondern wir beherrschen und bemeistern sie vollkommen; nicht mehr schöpfen wir die Freiheit aus dem Selbstverlust, sondern aus dem höchsten Selbstgefühl; nicht mehr erheben wir uns, ergriffen und getragen gleichsam von dem Objekt, sondern wir sind oder fühlen uns erhaben über dasselbe und sehen zu ihm nicht empor, sondern herab. Jetzt ist nichts mehr, das auf unserer Vorstellung lastet und ihr imponiert, sie ist durch nichts mehr gedrückt und darum völlig ungetrübt und heiter, wie es das ästhetische Freiheitsbedürfnis verlangt. In diesem heiteren Lichte werden die Gegenstände ganz erhellt und mit voller ästhetischer Deutlichkeit erkannt. Je deutlicher sie erscheinen, um so heller sind sie erleuchtet, um so wolkenloser und heiterer ist die Betrachtung. Ebenso umgekehrt. Und wie wäre es möglich, daß sich die Gegenstände verdeutlichen, ohne daß zugleich ihre Kleinheiten, Mängel und Gebrechen, welche die erhabene Vorstellung überfliegt, hervortreten und in unsere Betrachtung eingehen?

Diese zugleich erhebende und erheiterende Betrachtungsweise ist das *Komische*, das Gegenteil des ästhetischen Staunens und der Bewunderung. Auch hier bildet das ästhetische Verhalten einen Kontrast, aber einen solchen, dessen Seiten, mit dem Erhabenen verglichen, die Rollen gewechselt haben. Im Erhabenen verhalten wir uns zu dem Gegenstande, den wir betrachten, wie das Unendlichkleine zu dem Unendlichgroßen; im Komischen dagegen ist die Erhabenheit und das Gefühl derselben ganz auf Seiten der Betrachtung: hier verhalten wir uns zu dem Gegenstande, den wir vorstellen, wie das Unendlichgroße zu dem Unendlichkleinen. Das Komische ist, mit dem Erhabenen verglichen, der entgegengesetzte Kontrast, und es läßt sich daher wohl eine umgekehrte Erhabenheit nennen.

3. Das Verhältnis beider

Doch ist das Komische nicht bloß der Gegensatz des Erhabenen, sondern mit demselben so notwendig verbunden, daß ein unwillkürlicher Übergang von der erhabenen zur komischen Vorstellungsweise stattfindet.

Wir lassen uns gern überwältigen und gehen bewundernd auf in die Betrachtung des großen Gegenstandes, aber das menschliche Selbst ist sehr elastischer Natur und strebt unwillkürlich wieder in sein geistiges Volumen zurück. Aus dem Genuß des Überwältigtseins wird allmählich das peinliche Gefühl des Erdrücktwerdens, die erhabene Vorstellung wird wie eine unheimliche Last empfunden, gegen welche das unzerstörbare Selbstgefühl sich wehrt und wiederherzustellen sucht. Hier ist der geheime Hinterhalt, den nicht die Bosheit, sondern die menschliche Natur selbst legt, aus dem den erhabenen Vorstellungen aufgelauert wird, um sie an der schwachen Seite zu fassen, die keinem Gegenstande der Welt fehlt. Im Grunde ruht jede erhabene Vorstellung auf dem überwältigten Selbstgefühl, also auf einer sehr beweglichen Grundlage, die sich plötzlich wieder erhebt, emporsteigt und das Erhabene zu Fall bringt. Es gibt in der Welt nichts Erhabenes, das vor diesem Fall, vor diesem plötzlichen Gegenwurf sicher wäre.

Es ist darum ganz richtig und erklärt sich aus der Natur des menschlichen Selbstgefühls, daß in der Tat von dem Erhabenen zum Lächerlichen nur *ein* Schritt ist. Auf die Tragödie folgt das Satyrspiel, hinter dem Wagen des Triumphators schallen die Spottlieder der Soldaten.

Das Erhabene ruft das Komische hervor als sein notwendiges Gegenbild, als seine durch das Bedürfnis der ästhetischen Vorstellungsweise gebotene Ergänzung, denn jede Erhabenheit ist einseitig und unterdrückt oder überfliegt irgendeine berechtigte Seite der Menschennatur. In dieser Einseitigkeit liegt ihre Ohnmacht und Schwäche. Diese Schwäche erleuchtet die unbefangene freie Betrachtung und erweckt gerade von der Seite her, welche der erhabenen Erscheinung fehlt, deren komisches Gegenbild.

Was fehlt dem edlen Ritter von La Mancha in seiner

heroischen Erhabenheit, die nur in der Vorstellung ihrer Phantasiewelt lebt, was fehlt ihm anderes als das bißchen Bauernverstand, das Windmühlen, Wirtshäuser, Küchenmägde und Fuhrleute für das hält, was sie sind? Und eben dieses bißchen Bauernverstand trabt lustig neben ihm her in der Gestalt seines Knappen Sancho Pansa. Dieser komische Sancho bildet die wohltuende und richtige Ergänzung zu diesem erhabenen Don Quixote. Beide Bilder verhalten sich im Auge der ästhetischen Betrachtung wie Farbenpaare, die sich gegenseitig hervorrufen und ergänzen.

Was fehlt dem titanischen Faust, der in seinem erhabenen Geistesdrange das ganze Universum bewältigen und gleichsam zwingen möchte mit seinem gebieterischen: »Allein ich will!« – was fehlt ihm anderes als die Einsicht in die notwendigen Beschränkungen der menschlichen Natur? Dieses Wollen und Nichtkönnen, dieses erfolglose Ringen ist sein Widerspruch und seine Ohnmacht. Von hier aus gesehen, fällt er in die komische Beleuchtung, und sein richtiges Gegenbild ist Mephistopheles, der sich an dieser Ohnmacht des Titanen in seiner Weise ergötzt. »Setz' dir Perücken auf von Millionen Locken, setz' deinen Fuß auf ellenhohe Socken, du bleibst doch immer, was du bist!« Wenn die Erzengel die göttlichen Werke preisen, versenkt in die Herrlichkeiten der Schöpfung:

> Der Anblick gibt den Engeln Stärke,
> Da keiner dich ergründen mag,
> Und alle deine hohen Werke
> Sind herrlich wie am ersten Tag.

sieht Mephistopheles nur die kleine und gebrechliche Welt, den Jammer und die Torheit des menschlichen Treibens, wo jede Erhabenheit mit dem Fall endet, mit dem erbärmlichen Fall:

Er scheint mir, mit Verlaub von Ew. Gnaden,
Wie eine der langbeinigen Zikaden,
Die immer fliegt und fliegend springt
Und gleich im Gras ihr altes Liedchen singt;
Und läg' er nur noch immer in dem Grase!
In jeden Quark begräbt er seine Nase.

Vergegenwärtigen wir uns den königlichen Patriarchen, der seine Reiche verschenkt, um in der Liebe seiner Töchter zu schwelgen, der sich zum Bettler macht, um diese Liebe belohnen zu können, sie in dem Maße belohnt, als sie ihm schmeichelt, die herzlosen Töchter krönt, das einzige treue Herz, das nur zu lieben, nicht zu schmeicheln versteht, von sich stößt und nun selbst, hinausgestoßen von den Kindern, die seine Kronen tragen, umherirrt in Nacht und Sturm, vom Wahnsinn erfaßt, ein Bettler, an dem noch jeder Zoll ein König: das erschütternde Bild des erhabenen Lear! Hier ist kein Gegenbild möglich, das burlesker oder satirischer Art wäre. Doch bietet dieser tragische Lear eine Seite, die sein Schicksal, das unser Herz zerreißt, als die Folge einer törichten Selbstverschuldung erscheinen läßt. Es ist töricht, sich zum Bettler zu machen, um belohnen zu können; es ist doppelt töricht, wenn man Empfindungen belohnen will, Echtes und Unechtes, Gold und Katzengold nicht unterscheiden zu können. Diese Schwäche Lears, diese kindische Torheit, die seine Schuld ausmacht, müssen wir hell erleuchtet sehen, um auch nur in der Vorstellung sein Schicksal ertragen zu können. Nur sei diese Erleuchtung kein herzloser Spott, sondern auf dem Grunde des tiefsten Mitgefühls und einer Treue, die das Schicksal des Königs teilt, das klare Bild seiner Schwäche und Schuld, das ihn, wenn es noch möglich wäre, zur Selbstbesinnung bringen und vor Zerrüttung bewahren könnte! Nur der treue Narr, der den König liebt, in guten Tagen ergötzt und stets die Freiheit gehabt hat, ihm alles zu sagen, nur dieser Narr darf es sein, der ihm jetzt den Spiegel seiner Narrheit vorhält. »Du tätest am besten, Gevatter, meine Kappe zu nehmen. Ich wollt', ich hätt' zwei Kappen und zwei Töchter, wenn ich ihnen alle meine Habe geschenkt hätte, die Kappen behielt ich für mich, ich hab' meine, bettle du dir eine zweite von deinen Töchtern.« Und wie der König ihm die Peitsche droht, weil er die Wahrheit nicht hören kann, hat er doch selbst in seiner Verblendung Lüge und Schmeichelei belohnt, so zeigt ihm der Narr das zweite Bild seiner Narrheit: »Wahrheit ist ein Hund, der in's Loch muß und hinausgepeitscht wird, während Madame Schoßhündin am Feuer stehen und stinken darf«.

Zu diesem Lear paßt als das komisch ergänzende Gegenbild dieser Narr, wie Sancho Pansa zum Don Quixote und Mephistopheles zum Faust. Große Dichter, deren Geist die ganze Kraft und Tragweite ästhetischer Weltbetrachtung besaß, haben es verstanden, das Erhabene und Komische richtig zu paaren, und es war eine sehr tiefe und menschenkundige Wahrheit, die Sokrates bei jenem platonischen Gastmahl dem Aristophanes auseinandersetzte, wie derselbe Dichter tragisch und komisch zugleich sein müsse.

Doch ist das Komische, mit dem Erhabenen verglichen, nicht bloß dessen Gegensatz und Ergänzung, sondern es bildet in seiner Gesamtheit die höhere Stufe der ästhetischen Betrachtung. Wenn sich die erhabene Vorstellung von Stufe zu Stufe erhebt und jede ihrer Formen wieder zum Niveau einer neuen Erhebung macht, so muß das Ziel zuletzt ein Gipfel sein, den nichts mehr überragt, eine wolkenlose Höhe der Betrachtung, die auf die erhabenen Objekte, die sie ausgelebt hat, heiter herabblickt. So muß es sein nach dem naturgemäßen Gange der menschlichen Entwicklung. Und so ist es. Dieses ästhetische Entwicklungsgesetz erfüllt sich im Kleinen und Großen, in den Lebensaltern der einzelnen, in den Weltaltern der Menschheit. Der Jüngling belächelt die Vorstellungen, die dem Kinde und Knaben erhaben schienen; der in Welterfahrung gereifte Mann belächelt die Ideale des Jünglings und durchschaut, was darin töricht und hinfällig ist; die Weisheit des Greisenalters erkennt aus ihrer beschaulichen Lebenshöhe den Grund und Ungrund, den Wert und Unwert aller menschlich erhabenen Dinge.

Jedes Weltalter hat seine Ideale, seine erhabenen Vorstellungen, unter denen die höchsten die Götter dieser Zeit und dieses Geschlechtes sind. Die menschliche Entwicklung schreitet fort, ein neues Weltalter erhebt sich mit neuen Idealen, der Kampf der neuen Götter mit den alten wiederholt sich in jeder großen Entwicklungskrisis, und nachdem der Kampf ausgerungen ist, nachdem die erhabenen Vorstellungen eines Weltalters ausgelebt und in dem Bewußtsein der Menschen gefallen sind, kommt das frei gewordene Selbstgefühl, um die Vernichtung heiter zu enden. Die Weltideale müssen ihr Schicksal zweimal erfüllen. Nachdem sie im Leben untergegangen sind, werden sie noch einmal in der bloßen Vorstellung vernichtet: der erste Untergang ist tragisch, der zweite komisch.

V. Der komische Kontrast

Die einfache Bedingung alles Komischen, das Element desselben ist die Heiterkeit der Vorstellung, die aus dem ungedrückten Selbstgefühle hervorgeht. Wir dürfen nur auf die eigenen Zustände achten, um zu sehen, wie das Komische in seiner einfachsten Form entsteht. Eine gute Nachricht, die uns von Angst und Sorge befreit, eine glücklich gelöste Aufgabe, eine nach langer Mühe wohl vollendete Arbeit, und wir sind entlastet, fühlen uns frei, wie nie, und sind mehr als je aufgelegt zu Frohheit und Scherz, zum spielenden Verkehr mit Menschen

Der komische Kontrast.

Schneider: »Hm, hm, lauter Rentiers, Bankiers, Professoren, Guts-
besitzer – da kann ich mich ins Fremdenbuch doch nicht als
Schneider eintragen. Halt, ich hab's! da schreib' ich: ›Elias Zwirn,
Sticholog‹.«

und Dingen. Oder beobachten wir die ersten und einfachsten Erscheinungen des Komischen an den Lebensäußerungen des Kindes. Die erste Weltempfindung ist ein Schmerz, der sich im Schrei Luft macht. »Wann wir geboren werden, weinen wir«, sagt Lear. Das erste Zeichen, daß sich das Kind wohl fühlt und die Seinigen erkennt, daß ihm die nächste Welt nicht mehr unheimlich ist, sondern anfängt heimlich zu werden, ist das glückliche und beglückende Lächeln des Kindes. Mit dem Wachstum der Kräfte, mit dem zunehmenden Können hebt sich das Selbstgefühl; wie lacht das Kindergesicht nach den ersten glücklichen Leistungen, wenn die kleine Kraftprobe des Gehens zum erstenmal glücklich bestanden! Je überlegener das Selbstgefühl wird oder sich erscheint, um so freier und heiterer ist seine Stimmung. Man kann Kinder nicht vergnügter machen, als wenn man ihnen das Gefühl der Überlegenheit gibt, wenn man sich im Laufe fangen, im Spiele besiegen läßt oder gar den Ungeschickten und Einfältigen spielt, der nicht nachmachen kann, was das Kind so leicht vormacht, oder seine Zauberstückchen nur anzustaunen, aber nicht zu begreifen vermag. Das ganze Vergnügen des Kindes beruht auf dem wirklichen Gefühl seiner Überlegenheit oder, was dasselbe heißt, auf der Vorstellung unseres Unvermögens. Wenn es erst merkt, daß wir nur zum Schein ungeschickt waren, im Spiele absichtlich verlieren wollten, daß nicht wir die Getäuschten sind, sondern es selbst, so ist ihm der Spaß und die gute Laune verdorben; und wenn noch weiter gespielt werden soll, macht sich das Kind wohl die naive Bedingung: »du mußt aber jetzt wirklich verlieren«.

Hier ist das Urphänomen des Komischen: es ist diese Ungleichheit zwischen uns und dem Gegenstande, den wir vorstellen, dieser Kontrast, woraus das Selbstgefühl seine Erhebung und Erheiterung schöpft, und worin sich daher die komische Vorstellungsweise ergibt. Je unfreier oder in seiner

Das Häßliche.

(Vor dem Spiegel.) »Weiß der Teufel, *so* hab' ich doch früher nicht ausgeschaut; – ich glaub' gar, jetzt *verkupfern* sie auch noch die *Spiegel!*«

Freiheit gehemmter der Gegenstand in der bloßen Vorstellung erscheint, um so leichter ist auf unserer Seite die Erhebung, um so vergnügter das Selbstgefühl, um so genußreicher im komischen Sinn die Betrachtung. Wenn ein Objekt sein Vermögen frei und ungehemmt entfaltet, so erscheint es in der ihm gemäßen und entsprechenden Gestalt: es ist zwischen dem Gegenstande, der im Zustande völliger Freiheit erscheint, und uns, die wir im Zustande völliger Freiheit ihn betrachten, kein Kontrast von komischer Wirkung. Natürlich kann von einem Kontrast überhaupt keine Rede sein, wo keine Ungleichheit und keine Vergleichung stattfindet, welche die Gattungseinheit voraussetzt: daher auch die Objekte unserer komischen Vorstellung vorzugsweise aus dem Gebiete unserer Natur, d. h. unseresgleichen sind oder als solche erscheinen.

Unter der Freiheit des Gegenstandes verstehe ich aber hier nichts anderes als seine Natur, sein Vermögen, seine Kraft oder Wirkungsfähigkeit in ihrer ungehinderten Entfaltung. Wird diese letztere gehemmt, so erscheint das Objekt nicht im Einklange, sondern im Widerstreite mit seiner Natur, im Widerstreit also mit sich selbst: es erscheint nicht in der ihm entsprechenden Gestalt, sondern in einer Störung oder Trübung derselben, mit einem Wort in einer Verunstaltung. Jede Verunstaltung ist ein Ausdruck gehemmter Freiheit, also im offenen Widerstreit mit der ästhetischen Betrachtung, welche selbst sich im Zustande völliger Freiheit befindet. Diesen Widerspruch des Objekts mit der ästhetischen Betrachtung oder, anders gesagt, die Verunstaltung als Gegenstand bloßer Vorstellung nenne ich *das Häßliche* im weitesten Sinne des Wortes.

Hier entsteht der Kontrast von unwillkürlich komischer Wirkung. Nichts kann der Betrachtung im Zustande völliger Freiheit ungleicher sein und ihr gegenüber niedriger erscheinen als ein Objekt derselben Gattung im Zustande völliger Unfreiheit, im Ausdruck seiner gehemmten Freiheit, d. h. in seiner Verunstaltung. Gerade um dieses Kontrastes willen muß das Häßliche, rein ästhetisch genommen, eine komische Wirkung machen; in der Betrachtung desselben muß sich das Selbstgefühl erhöhen und darum die Vorstellung erheitern. Ich nenne das Häßliche, sofern es in den komischen Kontrast eingeht und die Gegenseite desselben ausmacht, *das Lächerliche*. Das Lächerliche in diesem Sinn ist die erste und niedrigste Stufe des Komischen. Nicht alles Häßliche ist lächerlich. Es gibt einen Grad des Ekelhaften, der nicht ästhetisch vorstellbar ist, und es gibt eine Furchtbarkeit des Häßlichen, die nicht in die komische Vorstellungsweise, sondern auf diejenige Stufe der erhabenen fällt, wo das Furchtbare steht. Wenn das Häßliche ekelerregend ist, so ist es überhaupt kein Gegenstand ästhetischer Vorstellung, und wenn es furchtbar ist, so ist seine ästhetische Geltung nicht die des Häßlichen, sondern des Erhabenen. Daher fällt das Häßliche als solches in seiner ästhetischen Geltung mit dem Lächerlichen zusammen.

Wir sehen, wie das Lächerliche entspringt. Die heitere, von dem Hauche des erhöhten und freien Selbstgefühls durchwehte Betrachtung bedarf den Kontrast, sie sucht ihn auf, erleuchtet darum vor allem die häßlichen Erscheinungen und verwandelt sie in lächerliche. Hier ist das Auffinden nicht schwer. Je freier die Objekte werden, je reicher und mannigfaltiger sich das individuelle Leben entfaltet, um so mehr ist es auch von innen und außen jenen Hemmungen unterworfen, die es verunstalten und entstellen. In Rücksicht der äußeren Gestalt sind diese Defigurationen die körperlichen Mängel, Gebrechen, Mißbildungen; in Rücksicht der körperlichen Bewegung die verkehrten Kraftäußerungen, die sich als Ungeschicklichkeit, Plumpheit, Tölpelhaftigkeit darstellen; auf dem Gebiet unseres Begehrens sind es die unfreien oder gar gesunkenen Willenszustände, in der gröbsten Form die Laster, wie Trunksucht, Geiz u. s. f., auf dem der intellektuellen Geisteskräfte die Hemmungen, die in der Beschränktheit und Verworrenheit bestehen, die Dummheit und Konfusion; in unserem Selbstgefühl endlich sind es die Verblendungen oder soll ich lieber sagen Verdunkelungen, womit die Selbstliebe uns befängt, Eitelkeit, Eigendünkel, Hochmut u. s. f.

Das Reich des Häßlichen ist sehr weit, sehr bevölkert und in der mannigfaltigsten Weise abgestuft, es umfaßt die ganze Leiter menschlicher Defigurationen, die körperlichen und geistigen Gebrechen von den gröbsten Formen bis zu den unscheinbarsten. Natürlich werden die gröbsten und am meisten hervorspringenden Verunstaltungen auch die ersten sein, welche der komischen Vorstellung auf ihrer niedrigsten Stufe in das Auge fallen. So lachen die Kinder über den Anblick eines Buckligen oder belustigen sich mit dem Betrunkenen, dem sie lachend und neckend nachlaufen, und man muß in dem einen Fall ihr Mitleid mit dem körperlichen Gebrechen, in dem andern ihre Abscheu gegen das Laster hervorrufen, um ihnen die komische Befriedigung solcher Vorstellungen zu verleiden. Das Volk ist hierin, wie die Kinder, und bleibt so. Die komischen Volksspiele, die Possen, Harlekinaden und Maskeraden produzieren mit Vorliebe gerade die gröbsten und augenfälligsten Formen des Häßlichen.

VI. Die Karikatur

Nun ist *jede* Erscheinung in der Welt den Einflüssen von außen, den Störungen und Hemmungen des Zufalls preisgegeben, um so leichter und vielfältiger, je lebendiger sie ist. Keine entfaltet sich rein und ungemischt, jede trägt die Spuren der Verunstaltung und nimmt ihren Anteil an dem Häß-

Die Karikatur.

Das ist das Ziel! So möchtest du's erreichen –
Zerschmettern jeden, den dein Tadel trifft,
O Krittler! dem nur wohl ist unter Leichen,
Der statt mit Gründen kämpft mit Dolch und Gift.

Ob gut – ob schlecht, dein Blutdurst unterscheidet
nicht lang. Du schlachtest, was entstanden kaum,
Wie Dahome, der sich an Opfern weidet –
Doch Gott sei Dank – Dein Wunsch ist nur ein Traum.

lichen, das, wie ein unvermeidliches Schicksal, jedes menschliche Dasein ergreift und sich irgendwo in ihm ausprägt. Es gibt unter den Lebenden keine reinen Formen, keine Götterbilder, weder als Körper noch als Geister. Überall in der Menschenwelt ist das Schöne mit dem Häßlichen gemischt, und jeder trägt seinen Thersites an sich und in sich; nur tritt nicht überall die häßliche Gestalt so deutlich und offen hervor, daß sie unserer Anschauung gleich einer Mißbildung oder einem groben Laster auf der Stelle einleuchtet.

Aber wie niemand dem Häßlichen entgeht, so darf auch das Häßliche nirgends seinem Schicksal entgehen. Dieses Schicksal ist: komisch vorgestellt zu werden. Wo es verdeckt ist, muß es im Lichte der komischen Betrachtung entdeckt, wo es wenig oder kaum bemerkt wird, muß es hervorgeholt und so verdeutlicht werden, daß es klar und offen am Tage liegt. Jetzt werden die Züge stärker hervorgehoben, damit sie ganz deutlich hervortreten, sie werden vergröbert und auffallend gemacht, um sofort in das Lächerliche zu fallen. So entsteht die *Karikatur*, die gar nichts anderes ist als die entdeckte, hervorgehobene, verdeutlichte, ganz in das komische Gesichtsfeld gerückte Häßlichkeit; sie ist keine künstliche Erfindung, sondern sie liegt in der Natur und Richtung der komischen Vorstellungsweise, die sich von selbst aufgefordert fühlt, das Häßliche zu erleuchten, zu verdeutlichen, die Verunstaltung ganz unverdeckt zu sehen, gleichsam Haut-Relief aufzutragen und auf diese Weise das Bild des Gegenstandes zu karikieren. Indem sie karikiert, findet sie nicht bloß, sondern entdeckt, denn sie läßt den Gegenstand nicht, wie er in seiner Natürlichkeit ist, sondern nimmt ihn, wie er in seiner reinen Lächerlichkeit ist.

Wenn sie die letztere nicht an der richtigen Stelle trifft, so ist sie falsch und gar kein Bild des Gegenstandes; wenn sie in dem Übermaß, welches die Hervorhebung und Verdeutlichung der Züge mit sich bringt, zu viel tut, so ist sie plump; je treffender sie den Gegenstand erleuchtet und in seinen verborgenen Lächerlichkeiten zum Vorschein bringt, um so feiner und witziger ist die Karikatur.

Man kann die kleinen Verunstaltungen der Menschen, wozu auch ihre Absonderlichkeiten und Eigenheiten gehören, nicht hervorheben, ohne sie zugleich komisch und lächerlich erscheinen zu lassen, ohne sie eben durch diese Hervorhebung zugleich zu karikieren. Denn daß sie gesehen werden und einleuchten: darin liegt der heitere Akt, den wir lachend vollziehen, und nur die Hervorhebung macht sie so sichtbar, daß sie ohne alle Mühe wie mit bloßem Auge erkannt werden. Es ist die Ungestalt im Lichte der ästhetischen Verdeutlichung.

Eine der ergötzlichsten und wirksamsten Arten des Karikierens ist das *Nachmachen*, ich meine die mimische Nachbildung eines Individuums durch ein anderes. Es gibt kein Bild, das lebendiger, anschaulicher und eben darum so komisch wirksam und erheiternd sein kann, als wenn ein Individuum seine eigene Person zum Bilde eines anderen macht. Die Darstellung wird um so erleuchtender, wenn sie nicht bloß das äußere Gebahren des anderen mimisch wiedergibt, sondern die Eigenheiten des ganzen Charakters mitsprechen läßt und so enthüllt, daß wir gleichsam bis in den Abgrund seiner Empfindungsweise blicken. Dabei erfahren wir jedesmal, wie sich in eine solche Darstellung die Karikatur unwillkürlich und richtigerweise einmischt, denn eine Menge kleiner Züge, die wir an dem Vorbilde nicht oder kaum bemerkt hatten, erkennen wir jetzt erst mit heiterer Genugtuung an diesem mimischen Nachbilde; die Züge sind nicht fingiert, sondern nur kenntlich gemacht, hervorgehoben, gleichsam aus der unleserlichen Handschrift der Natur in deutliche Frakturschrift übertragen und eben dadurch bis zu einem gewissen Grade, der sich mit der Wahrheit verträgt, übertrieben, d. h. karikiert.

Man weiß, wie gern schon die Kinder den Schwächen und Eigenheiten erwachsener Personen auflauern, und nachdem sie dieselben in die Gewalt ihrer komischen Vorstellung gebracht haben, sich mit dem Versuche belustigen, sie nachzumachen. Sie karikieren die Erwachsenen und am liebsten solche, die eine ihnen unbequeme Erhabenheit beanspruchen. Die frühsten Versuche der Karikatur, die darum nicht immer die schlechtesten sind, entstehen auf den Schulbänken und enthalten in Zeichnung, Anekdote oder mimischer Nachahmung das komische Konterfei der Lehrer.

Soweit das Komische mit dem Lächerlichen zusammenfällt, reicht das Gebiet der Karikatur, die sich vom rohen Zerrbilde und der burlesken Posse hinauferstreckt bis in das hohe Lustspiel und den satirischen Roman. Auch der Sokrates in den Wolken des Aristophanes und der Don Quixote des Cervantes sind Karikaturen. Schon Kant hat gelehrt, daß in dem ästhetischen Ideale das Gleichgewicht des Typischen und Charakteristischen auf zwei Arten gestört werde: das Übergewicht des ersten mache die Schönheit zum schulmäßigen (akademischen) Schema, das Übergewicht des zweiten mache sie zum Zerrbild.

VII. Ursprung und Erklärung des Witzes

1. Die Vorstellungsart

In der Karikatur ist die komische Vorstellung hervorhebend, also schon suchend, entdeckend, auffindend. Diese erfinderische Kraft muß um so mehr in das Spiel treten und entbunden werden, je weniger offen und gleichsam handgreiflich der Kontrast, in dem sich die komische Vorstellung ergeht, am Tage liegt. Unsere ganze geistige Welt, das intellektuelle Reich unserer Gedanken und Vorstellungen entfaltet sich nicht vor dem Blicke der äußeren Betrachtung, läßt sich nicht unmittelbar bildlich und anschaulich vorstellen und enthält doch auch seine Hemmungen, Gebrechen, Verunstaltungen, eine Fülle des Lächerlichen und der komischen Kontraste. Diese hervorzuheben und der ästhetischen Betrachtung einleuchtend zu machen, wird eine Kraft nötig sein, welche im Stande ist, nicht bloß Objekte unmittelbar vorzustellen, sondern auf diese Vorstellungen selbst zu reflektieren und sie zu verdeutlichen: eine gedankenerhellende Kraft. Diese Kraft ist allein das *Urteil*. Das Urteil, welches den komischen Kontrast erzeugt, ist der *Witz*, er hat im Stillen schon in der Karikatur mitgespielt, aber erst im Urteil erreicht er seine eigentümliche Form und das freie Gebiet seiner Entfaltung.

Jetzt erklärt sich der Witz. Die komische Vorstellungsweise sieht eine Aufgabe vor sich, die nur vermöge des Witzes zu lösen ist. Diese Aufgabe wird ihr nicht etwa gestellt, sondern sie liegt in ihr selbst, in ihrer Anlage und Richtung; die Lösung ist daher keine künstliche Operation, sondern eine völlig naturgemäße Entwicklung. Es sollen die Vorstellungen der Innenwelt erleuchtet und für die ästhetische Betrachtung erkennbar gemacht werden. Einen Gegenstand unmittelbar vorstellen, heißt anschauen; die Vorstellung selbst zum Gegenstande der Vorstellung machen, heißt mittelbar vorstellen, reflektieren oder urteilen: also kann es nur ein Urteil sein, wodurch jene Aufgabe sich löst, nur ein solches Urteil, welches die ästhetische Vorstellung befriedigt und sie schnell und leicht in den komischen Kontrast eingehen läßt, worin die eine Seite um so heiterer ist, je heller die andere. Es muß also ein Urteil sein, welches in demselben Augenblick zugleich erhellt und erheitert; und wie die ästhetische Freiheit in der spielenden Betrachtung der Dinge bestand, so muß dieses Urteil, welches aus der ästhetischen Freiheit entspringt und sie wieder erzeugt, seine Aufgabe *spielend* lösen. Dieses spielende

Urteil ist der Witz. Die Erklärung ist so kurz als umfassend, so einfach als erschöpfend. Sie enthält in der Tat alle Merkmale, die sich vereinigen, um den Witz zu dem zu machen, was er ist. Ich werde den Beweis führen, indem ich nur den Inhalt dieser Formel entwickle.

2. Die Entstehungsart

Der Witz ist ein spielendes Urteil. Er wäre überhaupt kein Urteil, wenn er nicht eine Vorstellung erleuchtete; diese Erleuchtung wäre völlig unwirksam und so gut als keine, wenn sie etwas erhellte, das bereits vollkommen hell ist und im platten alltäglichen Sonnenschein unserer gewöhnlichen Vorstellung liegt. Es muß also ein Urteil sein, wodurch etwas *Verborgenes* oder Verstecktes hervorgeholt und erleuchtet wird: hier ist das Merkmal, das die herkömmlichen Erklärungen des Witzes richtig geahnt, falsch ausgedrückt, zu eng gefaßt und irrtümlich zu dem entscheidenden Kennzeichen gemacht haben. Aber diese Erleuchtung würde nicht witzig sein, wenn sie nicht *spielend* wäre; sie wäre nicht spielend, wenn sie nicht augenblicklich klar und faßlich wäre. Leicht, wie die ästhetische Freiheit, ist die Natur und das Element des Witzes. Muß man erst lange nachdenken, um ihn zu finden, so ist sein Spiel verloren. Was der Witz erleuchtet, tritt mit einem Male aus dem Dunkel in das Licht, aus dem Verborgenen in die deutlichste Helle, etwas völlig Ungeahntes wird mit einem Male etwas völlig Bewußtes. Weil er spielend verfährt, darum muß der Charakter seiner Wirkung plötzlich, die Erheiterung, die er bringt, eine Überraschung, die Erleuchtung, die er erzeugt, ein augenblicklicher Lichtschein, ein Schlaglicht sein.

Und nicht bloß in seiner Wirkung, auch in seiner Entstehungsart trägt der echte Witz diesen Charakter. Er will nicht mühselig gemacht, nicht durch künstliches Nachdenken produziert sein, sondern er entsteht plötzlich, er kommt und ist da, er kommt ohne besonderes Zutun, wie eine Glücksgabe des Zufalls. Wir haben im Deutschen ein gutes Wort, diese Entstehungsart zu bezeichnen: der Witz ist kein künstlich erdachtes und überlegtes Urteil, sondern ein *Einfall*. Die Gabe des Witzes besteht darin, gute Einfälle zu haben. Ein solcher Einfall ist ein Urteil, welches spielend entsteht.

3. Die Form

In jedem Urteil werden Vorstellungen verbunden. Je näher die Vorstellungen einander verwandt oder benachbart sind, um so platter und eingelebter ist ihre Verbindung, um so gewöhnlicher und alltäglicher das Urteil. Die Gesellschaft unserer Vorstellungen besteht für gewöhnlich in lauter alten Bekannten, und wenn neue Glieder dazu kommen, so werden sie nach dem Lauf der sogenannten Ideenassoziation oder nach logischen Denkregeln, diesen Hausgesetzen des Geistes, in die vorhandenen Gruppen aufgenommen und eingereiht. Hier gibt es keine ungewöhnliche, überraschende Verbindungen, wie sie das witzige Urteil notwendig braucht.

Daher kann sich das letztere nicht an die herkömmliche Richtschnur des Denkens, an die Hausordnung unserer Vorstellungsreihe halten, sondern verknüpft *außer* der Reihe, nicht benachbarte, sondern entlegene, nicht gleichartige, sondern entgegengesetzte, nicht bekannte, sondern einander fremde Vorstellungen; solche, die sich gleichsam noch nie gesehen haben, führt sie plötzlich zusammen und läßt aus dem Zusammenstoß, aus der Berührung, ich möchte sagen, dieser ungleichnamigen Vorstellungspole jenen elektrischen Geistesfunken hervorspringen, den wir als heitere Erleuchtung empfinden.

Im Grunde hängen alle Vorstellungen miteinander zusammen, jede mit jeder. Und die Verbindung selbst der entlegensten Vorstellungen hört auf überraschend zu sein, wenn wir alle Mittelglieder durchlaufen, die auf der logischen Heerstraße von einer zur andern führen; ähnlich wie bei einer Reise von Station zu Station wir zuletzt nicht mehr überrascht das Ziel unserer Erwartung erreichen. Jenen Weg durch die Mittelglieder nimmt die Arbeit des Denkens, nicht das Spiel des Witzes. Er geht nicht schrittweise, sondern frei von der Richtschnur und Fessel des gewöhnlichen Denkens; im Widerspruch mit der Hausordnung und den Hausgesetzen des Geistes, holt er wie im Fluge seine Vorstellungen herbei und verknüpft sie unmittelbar. Was noch nie vereint war, ist mit einem Male verbunden, und in demselben Augenblick, wo uns dieser Widerspruch noch frappiert, überrascht uns schon die sinnvolle Erleuchtung. Es ist ein Punkt, in welchem jene einander fremden und widerstreitenden Vorstellungen unmittelbar zusammentreffen und sich in einem Urteile vereinigen. Hier hat der Witz seine Kraft und Wirkung. Es ist der Augenblick seiner Vollziehung. Dieser Punkt des Zusammentreffens ist der Treffer im Witz, die Spitze desselben, *die Pointe*.

Die Formel ist entwickelt und die ganze Auseinandersetzung faßt sich leicht zusammen. Die komische Vorstellungsweise wird den Vorstellungen gegenüber, die nur vermöge des Urteils erhellt und verdeutlicht werden können, zum Witz; der Witz ist das spielende Urteil, das nur erleuchtend wirken kann, wenn es erfinderisch ist, d. h. Verborgenes erhellt, nur dann spielend erleuchtet, wenn es als Einfall entspringt und als Schlaglicht in die Vorstellungen einfällt, darum die letzteren nicht nach ihrer schon vorhandenen Gemeinschaft, sondern so verknüpft, daß sie eine Pointe bilden. Eben dies heißt mit den Vorstellungen spielen, daß man sich nicht an ihre logische Zusammengehörigkeit, an ihre Ordnung und Reihe bindet, sondern sie verknüpft, wie es der Einfall mit sich bringt. Diesem Spiele steht das ganze Reich der Vorstellungen offen. »Der Witz«, hat Jean Paul geistreich und richtig gesagt, »ist der verkleidete Priester, der jedes Paar traut.« Und da er sich an die Familienverhältnisse der Vorstellungen gar nicht kehrt, so darf man ebenso richtig hinzufügen: »Er traut die Paare am liebsten, deren Verbindung die Verwandten nicht dulden wollen«.

VIII. Die Probe der Erklärung

Ich will meine Erklärung auf die Probe stellen. Wenn sie richtig ist, so muß das spielende Urteil, die spielend gefundene Pointe, diese Form muß es sein, die den Witz zu dem macht, was er ist. Dabei ist der Gedankeninhalt zunächst gleichgültig; dieser gibt die Bedeutung und den Wert des Witzes, nicht seine Bedingung. Man wird daher jeden Witz zerstören, wenn man ihm den Charakter des spielenden Urteils nimmt und die Pointe in eine Reihe von Mittelbegriffen auflöst; andererseits wird man den Charakter des Witzes sogleich eintreten sehen, wenn der Gedanke spielend in die Form der Pointe eingeht.

Um das Erste zu zeigen, nehme ich jenen Ausspruch Börnes, den man häufig und mit Recht als Beispiel eines vortrefflichen Witzes angeführt hat: »Als Pythagoras seinen berühmten Satz entdeckt hatte, opferte er eine Hekatombe; seitdem zittern alle Ochsen, wenn eine neue Wahrheit entdeckt wird.« Zwischen den Opferstieren des Pythagoras und jener Geistesbeschränktheit, die stets den Aufgang neuer Wahrheiten fürchtet, ist gar kein Zusammenhang, beide Vorstellungen sind einander ganz fremd. Hier werden sie unmittelbar verknüpft, als ob die eine die Folge der anderen und eine Art Sympathie und genealogischer Verwandtschaft zwischen beiden wäre. So entsteht die Pointe, die zugleich einen häßlichen

Geisteszustand sehr grell und komisch erleuchtet. Von dem Bilde der Hekatombe fällt plötzlich ein Schlaglicht auf die Dummheit der Welt. An alles andere würde ich bei dem Opfer des Pythagoras eher gedacht haben als an diese häßliche Wahrheitsfurcht. Wenn man dagegen mit der letzteren beginnt, so liegt es schon weit näher, bei der Geistesbeschränktheit, die ihr zu Grunde liegt, sich an deren naturgeschichtliche Verwandtschaft zu erinnern, und ist man einmal bei den Stieren angekommen, so hat man nicht mehr weit zu den Opferstieren, unter denen auch jene hundert waren, die Pythagoras zum Dank für seine Entdeckung den Göttern darbrachte. Wenn wir auf diese Weise von Vorstellung zu Vorstellung fortschreiten, so ist zwar der Gedanke derselbe geblieben, aber die Pointe ist aufgelöst; der Charakter des Einfalls, des spielenden Urteils ist zerstört und damit der Witz und seine Wirkung. Daher die Sprachkürze, die er braucht und sucht. »Kürze ist der Körper und die Seele des Witzes, ja er selbst.« Will doch sogar Polonius sich kurz fassen, weil »Kürze ja des Witzes Seele ist, Weitschweifigkeit der Leib und äußere Zierat«.

Machen wir jetzt den entgegengesetzten Versuch mit einer Allerweltswahrheit, die den Charakter des Witzes völlig entbehrt. Der Gedanke soll bleiben, aber er soll spielend die Form einer Pointe finden, so wird diese bloße Form hinreichen, das Urteil witzig erscheinen zu lassen. Es sei die landläufige Redensart: »Durch Schaden wird man klug«. Klug werden ist offenbar sehr nützlich, Schaden haben ist das Gegenteil: hier springen Gegensätze hervor, die sich unmittelbar treffen und also den Keim zu einer Pointe enthalten. Das Schädliche wird nützlich, die widerwärtige Erfahrung macht klug und erfahren. Jetzt fällt das Schlaglicht auf die Natur der Erfahrung und erleuchtet plötzlich diesen in ihr enthaltenen und vereinigten Gegensatz: »Die Erfahrung besteht darin, daß man erfährt, was man nicht zu erfahren wünscht«. So ist aus der ganz gewöhnlichen Redensart: »Durch Schaden wird man klug« ein witziges Urteil geworden. Oder es sei die Erfahrung, die alle Welt macht und kennt, daß in der Jugend gewöhnlich die Güter begehrt werden, die nur das reifere Alter besitzen kann, und wiederum das Alter sich die Lebensfrische zurückwünscht, die nur in der Jugend möglich ist. So widerspruchsvoll ist das menschliche Leben in seinen Wünschen! In die Erfüllung der letzteren geht allemal etwas ein, das wir nicht wünschen und unsere Begehrungen, sobald sie am Ziele sind, rückläufig macht. Diese Allerweltsweisheit erscheint als ein witziges Urteil, wenn man sagt: »Das menschliche Leben zerfällt in zwei Hälften; in der ersten wünscht man die zweite herbei, und in der zweiten wünscht man die erste zurück«.

Soll ich noch an jenen schönen und geistreichen Ausspruch Schleiermachers erinnern? Daß die Eifersucht eine selbstquälerische Leidenschaft ist, die sich mit einer Art Genuß gerade die peinvollsten Vorstellungen aussucht und vergrößert, ist wahr, aber gar nicht witzig gesagt. Doch läßt sich aus dieser Verbindung, diesem Ineinander von Genuß und Qual, eine Pointe lösen, die Schleiermacher spielend und erleuchtend traf, als er sagte: »Eifersucht ist die Leidenschaft, die mit Eifer sucht, was Leiden schafft«.

IX. Die Triebfeder des Witzes

So viel liegt im witzigen Urteil an der bloßen Form. Eine andere Wendung, ein anderes Wort, ein weniger anschauliches, weniger pointiertes, und das Urteil, wie richtig es immer sein mag, schmeckt nicht mehr nach Witz. Das Urteil ist nur in dem Grade witzig, als es spielend ist. Der Witz darf nicht gesucht, sondern nur *gefunden* werden, und das Finden ist hier ein Ergreifen und Treffen, kein Haschen und Herumtappen. Es ist ein glücklicher Einfall, den man haben muß und nicht erwerben kann. Man kann selbst über einen schlechten Witz lachen, der spielend kommt und geht, aber man kann gar nicht lachen, wenn man merkt, daß jemand nach Witzen hascht und fortwährend bemüht ist, einen zu machen. Es ist, als ob man eine Schmetterlingsfange vor sich sieht, die sich mit einiger Mühe immer von neuem aufsperrt und zuklappt, aber es ist nie ein Schmetterling darin; es gibt auch solche, bei denen die Schmetterlingsfange sehr leicht auf- und zugeht, auch jedesmal etwas fängt, aber nie den Schmetterling, sondern immer den Strohhalm.

Ich habe gezeigt wie die komische Vorstellungsweise, um die Gedankenwelt zu erleuchten, die Form des Witzes bedarf und in dieselbe eingeht. Nun beruht alle komische Betrachtungsweise auf dem ungedrückten, freien, erhöhten Selbstgefühl; darum ist dieses zwar nicht die Gabe, wohl aber die innerste Triebfeder des Witzes, und man kann sehr leicht die Erfahrung machen, wie alle Bedingungen, die das Selbstgefühl erhöhen oder aus gehemmten Zuständen befreien, zugleich die Neigung zum Witz begünstigen und die Gabe desselben, wenn sie vorhanden ist, entbinden, wogegen alle Empfindungen, die das Selbstgefühl herabdrücken und hemmen, gleichsam die Ader des Witzes verstopfen. Eine heitere Gesellschaft, in der ein witziger Kopf sich heimisch und wohl fühlt, macht, daß er von guten Einfällen sprudelt; jetzt treten andere dazu, darunter solche, deren Nähe ihn beengt oder anwidert, und wenn man dem Witze zur Ader lassen könnte, es würde kein Blut kommen. Dies ist auch der Grund, warum Menschen, die in ihren Schriften außerordentlich witzig sind, häufig mitten unter anderen gar nicht so erscheinen. Mit sich allein sind sie frei, während die unmittelbare Nähe anderer sie drückt. Derselbe Grund erklärt, warum manche, denen es an Witz gar nicht fehlt, mitten im Gespräch, gerade im Augenblick, wo sie die gute Antwort brauchen könnten, dieselbe nicht bei der Hand haben und erst später, gewöhnlich auf der Treppe, wieder witzig werden.

Der Witz entspringt aus dem freien und erhöhten Selbstgefühl und wirkt steigernd auf dasselbe zurück. Um mit Urteilen blitzen zu können, dazu gehört nicht bloß die Kraft, welche den Witz wirft, sondern auch die Höhe, von der er herabfällt. Wenigstens fühlt sich die Geisteskraft erhaben im Momente, wo sie blitzt; sie kann für die flüchtige Dauer eines Augenblicks ihr Selbstgefühl kaum wirksamer und unwiderstehlicher zur Geltung bringen als durch die Macht eines bloßen Urteils, das sie spielend erzeugt. Und da es der menschlichen Natur wohltut, sich frei und erhöht zu fühlen, so liegt hierin der Grund, warum es den meisten so schwer fällt, einen witzigen Einfall zu unterdrücken.

Der Witz spielt mit allen Vorstellungen und läßt sich durch keine imponieren. Er fühlt sich mächtiger als alle. Darum gibt es für den bloßen Witz nichts Erhabenes und Ehrwürdiges, nichts das ihm momentan teurer wäre als der Genuß seines Spiels und der Zauber seiner Wirkung. Daher kann auch ohne böse Absicht der Witz sehr leicht schonungslos werden und selbst frech und frivol. Sich beengt und geniert fühlen, hindert den Witz. Wenn man sich gar nicht geniert, so findet der Witz überall offenes Feld und wird um vieles ergiebiger und leichter. Einer unserer witzigsten Schriftsteller, Heinrich Heine, besaß beides in eminenter Weise, die Kraft des Witzes und das Naturell, sich nicht geniert zu fühlen. Weder Bescheidenheit gegen sich selbst noch Rücksichten gegen andere standen im Wege. Alle Empfindungen, die das menschliche Selbstgefühl niederwerfen und demütigen, laufen von Natur dem Witze zuwider, und ebenso liegt es in der Grundstimmung des letzteren, auch die erhabensten Vorstellungen leicht und spielend zu nehmen. Phrenologisch zu reden: ihm fehlt das Organ der Ehrfurcht. So will auch das Wort Jean Pauls verstanden werden, welches den Witz einen Gottesleugner nennt. Oder wie Schiller es ausdrückt, hinweisend auf Voltaires Pücelle: »Krieg führt der Witz auf ewig mit dem Schönen, er glaubt nicht an den Engel und den Gott«.

Welche Bedingungen es auch sein mögen, die das Selbstgefühl erhöhen: von hier aus kommt allemal der erste Antrieb, der den Witz in Bewegung bringt, und wie niemand seinen Ursprung verleugnen kann, so verrät sich in der Physiognomie des Witzes die Art seiner Herkunft. Gewisse Lebenszustände können mehr als andere das Selbstgefühl freilassen, heben und in einer beständigen Höhe erhalten, wobei es gleichgültig ist, ob sie in der Einbildung liegt oder in der wirklichen Geltung. Ich nenne als nächstes Beispiel das deutsche Studentenleben, das vermöge seiner Altersstufe, seiner akademischen Freiheit, der sorglosen Beschäftigung mit den Wissenschaften und des zwanglosen Verkehrs so viele Faktoren vereinigt, die das Selbstgefühl erweitern und wolkenlos machen. In dieser heiteren Region gedeiht jene Art des Witzes, die man als Studentenwitze bezeichnet. Es gibt Berufsklassen, die das Gefühl persönlicher Überlegenheit unausgesetzt nähren und die Pflicht haben, sich fortwährend als Meister zu fühlen und fühlbar zu machen. Da gewinnt auch der Witz eine Art berufsmäßigen Spielraum, wie z. B. in dem Gebiet der Schule, des Exerzierplatzes, wo reichlich dafür gesorgt ist, daß auf der einen Seite das Gefühl der Meisterschaft, auf der anderen der Stoff zum Lächerlichen nicht ausgeht. Hier entsteht der Witz häufig als Gegengift gegen den Unwillen, den die Dummheit und Ungeschicklichkeit der Lernenden hervorruft, und es kommen dann komische Einfälle zum Vorschein, denen man anmerkt, daß sie in ihrer Entstehung diese beiden Stationen passiert haben: fremde Dummheit und eigener Är-

Der Kathederwitz.

Professor: »Denken Sie sich, meine jungen Freunde, daß beispielsweise mein Kopf die Erde vorstelle; wenn nun die Sonne am höchsten steht, dann haben die Bewohner meines Kopfes Mittag!«

ger. Wenn man den Witz einmal nach den verschiedenen Arten seiner Herkunft klassifiziert, so wird man nicht vergessen dürfen, daß eine besondere Stelle den Kathederwitzen gebührt, die ihr ganz besonderes Klima haben.

Der französische Witz, den man unter die hervorstechenden Eigenschaften des französischen Volksgeistes zählt, schmeckt in seiner leichten, schnell fertigen, blendenden und verblendenden Natur sehr nach dem nationalen Selbstgefühl der Franzosen. Als sie gewiß waren, die erste Nation zu sein, haben sie bald entdeckt, daß sie auch die witzigste wären. Man würde nicht von Berliner Witzen als einem Genre sprechen, wenn darin nicht etwas von jenem lokalen Selbstgefühl wirksam und einheimisch wäre, welches die Metropole der Intelligenz ihren Kindern so reichlich einflößt und gönnt. Auch vorübergehende Beschäftigungen heiterer und erholender Art, die das Selbstgefühl behaglich stimmen, pflegen eine Sorte Witz auszubilden, von dem sie als lustigen Gesellschafter sich gern begleiten lassen. Namentlich lieben gewisse Spiele einen solchen nebenherspielenden Witz, wie man es an Kegelbahnen, an Billard- und Whisttischen bemerken kann. Freilich wird hier dieser lustige Gesellschafter oft langweilig, denn er hat von Seiten des Spiels keine große Mitgift von Vorstellungen und darum gewöhnlich immer wieder dieselben Einfälle.

Doch braucht das Selbstgefühl, welches dem Witz zu Grunde liegt, keineswegs immer behaglicher Natur zu sein; es kann auch dadurch erhöht werden, daß es *gereizt* wird und gegen den Angriff sich wehrt und aufrichtet. Diese gereizte Erhöhung kann vorübergehend sein, wie z. B. beim Ärger, aber auch beharren und zuständlich werden; dann befindet sich das Selbstgefühl in einer Art geheimer Empörung, in einem beständigen Kriegszustande, und steht gleichsam fortwährend auf der Lauer. Die Gewohnheit, verspottet, lächerlich gemacht oder gering geachtet zu werden, versetzt das Selbstgefühl, das sich in dieser Lage sieht, in jenen gereizt erhöhten Zustand, in jene empörte Grundstimmung, welcher der Witz nicht bloß zum Spiele dient, sondern als Waffe. Daher erklärt sich, wie das Gefühl körperlicher Verunstaltung, z. B. bei Buckligen, oder das sozialer Ungleichheit, z. B. bei Juden, das Vermögen des Witzes außerordentlich schärft und in fortwährender Bewegung erhält. Es ist auch hier, um den darwinistischen Ausdruck zu brauchen, eine Art »Kampf um das Dasein«, die den Witz als geistiges Organ ausbildet, daher in solchem Fall der Witz nicht bloß die Spitze des Treffers, sondern zugleich die des Stachels hat und nicht bloß spielt, sondern durchbohrt.

Diese Beispiele werden genügen, um durch die Erfahrung zu bestätigen, was ich über den Charakter und Ursprung des Witzes aus den Bedingungen der menschlichen Natur dargetan habe. Ich wollte gezeigt haben, wie er entsteht und worin er besteht. Aber die schwierigste und entscheidende Probe bleibt noch übrig. Wenn der gefundene Begriff richtig ist, so muß daraus der ganze Reichtum und die Mannigfaltigkeit seiner Formen von der niedrigsten Stufe bis zur höchsten hergeleitet werden können: dies ist die zweite Hälfte der Aufgabe. Die erste hat es mit der Entstehungsart, die zweite mit den Entwicklungsformen des Witzes zu tun.

ZWEITER ABSCHNITT
DIE ENTWICKLUNGSFORMEN DES WITZES

I. Das Entwicklungsgesetz

Um den Gang und das Ergebnis der vorigen Untersuchung kurz zusammenzufassen, so war gezeigt worden, wie sich die menschliche Natur zu den Dingen entweder begehrend oder betrachtend verhält, wie aus dem Zustande der ästhetischen Freiheit die ästhetische Vorstellungsweise und daraus das Erhabene und Komische als deren Hauptformen oder Stufen hervorgehen; wie die komische Vorstellungsweise den umgekehrten Kontrast der erhabenen bildet, sich zunächst die häßliche Erscheinung gegenüberstellt, diese erleuchtet und dadurch lächerlich erscheinen läßt, verdeutlicht und dadurch als Karikatur hervorhebt; dann wie sie innerhalb der Gedankenwelt die Vorstellungen nur zu erhellen vermag, indem sie urteilt, spielend urteilt oder, was dasselbe heißt, sich witzig gestaltet. Der Versuch hat die Erklärung bestätigt. Mit dem Charakter des Spiels kommt und geht der Witz. Denn es ist gleichbedeutend, ob ich sage »*spielendes Urteil*« oder »*Einfall*« oder »*Pointe*«. Der erste Ausdruck bezeichnet die Art der ästhetischen Vorstellung, der zweite den Ursprung oder die Entstehungsweise, der dritte die Form der Vollziehung. Keine dieser drei Bedingungen kann sein ohne die andere, sie fordern und bestimmen sich gegenseitig. Es ist zunächst die bloße Form, die das Urteil zum Witz macht, und man wird hier an ein Wort Jean Pauls erinnert, welches eben diese Natur des Witzes in demselben Ausspruche erklärt und beweist: »So sehr sieget die bloße Stellung, es sei der Krieger oder der Sätze.«

Nun sind dem Wert oder der Bedeutung nach die witzigen Urteile sehr verschieden. Diesen Wert macht der Inhalt und dadurch bestimmt sich die Geisteshöhe des Witzes. Um diese letztere zu erkennen und richtig zu unterscheiden, müssen wir den ganzen Umfang der Entwicklung, welche der Witz durchläuft, beschreiben und Stufe für Stufe ausmessen.

Der gefundene Begriff zeigt uns den Weg. Aus der Entstehungsweise des Witzes erhellt Gesetz und Gang seiner Entwicklung. Er ist das spielende Urteil: *je spielender also das Urteil und je urteils- oder gedankenvoller das Spiel, um so höher steht der Witz.* Er steht um so niedriger, je weniger eindringend, erleuchtend, gedankenvoll das Urteil ist, je mehr es nur auf der Oberfläche der Vorstellungen spielt. So geht die Entwicklung des Witzes, wie es in seinem Ursprunge angelegt ist, von außen nach innen. Dies ist die Richtschnur, der wir folgen.

II. Der Klangwitz

Die Außenseite der Vorstellung ist das Wort, denn es ist deren sprachliches Zeichen; das Wort, bloß äußerlich genommen, d. h. abgesehen von seiner Bedeutung, ist Laut oder Klang. Die Gleichartigkeit der Wortklänge und die Ungleichartigkeit der Vorstellungen bieten dem Witz den ersten und nächstgelegenen Spielraum, er spielt mit der Ähnlichkeit der Klänge und läßt bloß durch dieses Mittel Vorstellungen so zusammentreffen, daß sie eine Pointe bilden. So entsteht der Klangwitz, der mit Assonanzen, Alliterationen, Reimen sein Spiel treibt, und den Jean Paul »den älteren Bruder des Reims oder dessen Auftakt« nannte. Die Pointe ist hier ebenso leicht gemacht als verstanden, sie fällt sogleich in das Ohr, und wegen dieser sinnlich faßlichen und grob deutlichen Art hat dieser akustische Witz, wie man ihn auch genannt hat, etwas sehr Volkstümliches. Es ist der Witz, in dem komische Volksredner ihre Stärke haben.

Wenn z. B. in einer seiner Predigten Abraham a St. Clara vom verlorenen Sohn sagt: »er war ein *Irländer*« und ihn zur besonderen Erleuchtung der Wiener mit der Donau vergleicht, die sich nach so vielen Irrfahrten mit der *Sau* verbindet, so sind hier Vorstellungen, die gar nichts miteinander gemein haben, bloß durch den Gleichklang der Worte zu einem Treffer vereinigt. Eine Fülle bekannter Beispiele dieser Art bietet uns ein anderer Volksredner, den eine Meisterhand dem Abraham a St. Clara nachgebildet hat, der Schillersche Kapuziner, wie er die Wallensteiner abkanzelt:

> Kümmert sich mehr um den Krug als den Krieg,
> Wetzt lieber den Schnabel als den Sabel,
> Hetzt sich lieber herum mit der Dirn,
> Frißt den Ochsen lieber als den Ochsenstirn u. s. w.
> Die ganze Welt ist ein Klagehaus,
> Die Arche der Kirche schwimmt im Blut,
> Und das römische *Reich*, – daß Gott erbarm!
> Sollte jetzt heißen römisch *Arm*.
> Der Rheinstrom ist geworden zu einen *Peinstrom*,
> Die Klöster sind ausgenommene *Nester*,
> Die *Bistümer* sind verwandelt in *Wüsttümer*,
> Die *Abteien* und die *Stifter*
> Sind nur Raubteien und *Diebesklüster*,
> Und alle die gesegneten deutschen *Länder*
> Sind verwandelt worden in *Elender* –

Wie sich der Klangwitz um die Bedeutung der Worte gar nicht kümmert, so bindet er sich auch nicht ängstlich an den vorgeschriebenen Laut, sondern spielt damit, bis die Pointe hineinpaßt. Als die Antigone in Berlin aufgeführt wurde, tadelte man, daß die Darstellung gar nicht antik sei. Da ist der Gleich-

Der Klangwitz.

(Im Hutmacherladen.) *Ladenmädchen:* »Paßt er?« – *Käufer:*
»Pastor?! – noch nicht, – leider bloß Hilfsprediger.«

klang von »Antigone« und »antik«; jetzt kommt der Berliner Witz mit seiner Sprache und sagt: »*antik? o nee!*« So leicht lassen sich Witze dieser Art machen: so leicht, ich meine so wohlfeil. Heine läßt einen Hamburger Lotteriekollekteur erzählen, daß Rothschild ganz familiär mit ihm gesprochen habe, der Millionär mit dem Lotteriekollekteur: »Er sprach mit mir ganz *famillionär*«. Oder wenn er eine Schilderung Hamburgs mit den Worten beginnt: »Hier in Hamburg herrscht nicht der schändliche Macbeth, sondern hier herrscht *Banko*«. Das ist kein eigentliches Wortspiel, sondern ein Klangwitz, denn die Pointe liegt hier nicht in den verschiedenen Bedeutungen desselben Worts, sondern in dem Gleichklang verschiedener Worte.

In seiner wirksamsten Form streift der Klangwitz bis an den Doppelsinn, wenn er nämlich mit dem Klange so spielt, daß seine Wortform nicht ganz aus dem Bereich der Sprache heraustritt, wie die »Raubteien« und »Wüsttümer« des Kapuziners, sondern mit bekannten Wortbildungen eine unwillkürliche Lautähnlichkeit hat und dadurch einen Nebensinn hervorruft, der mit dem eigentlichen Sinn des Urteils einen überraschend komischen Kontrast bildet. Man ist gewohnt, daß wissenschaftliche Richtungen nach ihren Gründern bezeichnet werden, wie Kantianer, Newtonianer, Leibnizianer u. s. f. Die Lebensweise der Gelehrten pflegt mancherlei körperliche Übel zu veranlassen, die einen mehr als die anderen. Wenn nun einer von der Zunft sagt: »wir Gelehrte sind Unterleibnizianer«, so klingt das, als ob die Gelehrten nicht bloß vermöge ihrer Köpfe Schulen bilden.

Der einfache Klangwitz braucht von der Mitgift des Urteils die kleinste Dosis und bildet darum die unterste Stufe des Witzes. In dem Reich der Witze besteht aus dieser Form die große Masse, und die populären Witzblätter sind davon voll. Was das Volk amüsiert, gefällt auch den Kindern. Die ersten

Kinderwitze sind Klangspiele; in den sogenannten Fragerätseln, die man den Kindern aufgibt, blüht der Klangwitz in seiner simpelsten und geistlosesten Form: »Welche Tracht kleidet am besten? die Eintracht!« »Welche Weisheit ist die unerträglichste? die Naseweisheit!« »Welche Ringe sind nicht rund? die Heringe« u.s.f.

Da der Klangwitz auf der Gleichheit oder Ähnlichkeit der Wortklänge beruht, so ist er abhängig nicht von der Art, wie man die Worte schreibt, sondern wie man sie spricht. Jean Paul nannte ihn »Sprach- oder Klingwitz«. Wo nun in einem Idiom verschiedene Laute und Worte nur durch seine Nuancierungen der Aussprache unterschieden werden können, wie es z. B. im Französischen mit gewissen Vokalen, Diphthongen, Nasallauten der Fall ist, da werden sich solche Sprachwitze sehr leicht und haufenweise erzeugen lassen; daher denn auch bei den Franzosen diese Sorte Witz, die sie »*Calembour*« nennen, so zahlreich und wohlfeil ist. Es sind im Deutschen die »Kalauer«. Als harmloses Spiel mögen sie gehen, aber sie dürfen nicht den Anspruch machen für etwas Besonderes zu gelten; sie sind unter den Witzen, was unter den Reimen die Knittelverse; diese machen keinen Poeten und Calembours noch keinen witzigen Kopf. Man darf sie nicht mit dem Wortspiel verwechseln, welches weit höher steht; das Calembour ist das schlechte Wortspiel, denn es spielt mit dem Wort nicht als Wort, sondern als Klang; die Franzosen selbst nennen es »mauvais jeu de mots«.

Je weniger Urteil und Urteilskraft ein solcher Witz hat, um so verwandter ist er mit der Dummheit. Es gibt dumme Witze, die ebenso verbreitet und populär sind als ihre Verwandtschaft. So gehört offenbar sehr wenig Urteil und Erfindungsgabe dazu, um mit Eigennamen zu spielen, wie z.B. wenn der Kapuziner, bei dem natürlich solche Art Witze nicht ganz fehlen dürfen, vom Feldherrn sagt: »Läßt sich nennen

den *Wallenstein,* ja freilich er ist uns *allen* ein *Stein* des An-
stoßes und des Ärgernisses« u.s.w.; oder wenn Fallstaff zu
seinem Fähndrich Pistol sagt: »Drücke dich aus unserer Gesellschaft ab, Pistol!«

III. Das Wortspiel

Die nächste und höhere Form des Witzes geht von dem
Klange des Wortes in das Wort selbst ein und beschreibt hier
ihren Spielraum. Dasselbe Wort kann verschiedene und entgegengesetzte Bedeutungen in sich vereinigen oder solche,
die sich bis zum Gegensatz spannen lassen. Verschiedene
Vorstellungen treffen in einem und demselben Worte unmittelbar zusammen, hier bietet sich von selbst das Mittel
zu einer Pointe und damit der natürliche Ansatz zu einem
Witz. Das Wort mit seinen verschiedenen Bedeutungen ist
da und unmittelbar zur Hand: um so leichter kann die
Pointe spielend gefunden werden. Es ist ein Wort oder eine
Wendung, worin das spielende Urteil sich vollzieht: um so
kürzer, anschaulicher, wirksamer kann die witzige Vorstellungsweise sein, der in der Vieldeutigkeit ihrer Worte die
Sprache selbst die Anlage zu einer sehr ergiebigen und
fruchtbaren Entwicklungsform bietet. Da hier das Wort nicht
durch seinen Klang, sondern durch seinen Sinn die Pointe
entscheidet, also mit dem geistigen Wort, welches eigentlich
erst Wort ist, gespielt wird, so möge diese höhere Form des
Wortwitzes das *Wortspiel* heißen. Es ist im Unterschiede
vom Calembour das Bonmot.

Der Doppelsinn.

»Ich hab’ mir doch gleich gedacht, daß *etwas Unangenehmes*
im *Anzug* ist.«

1. Der Doppelsinn

Besteht die Pointe in einem *einzigen* Wort, so haben wir die einfachste Form des Wortspiels.

Eine der ersten Regentenhandlungen des letzten Napoleon war bekanntlich die Wegnahme der Güter der Orléans. Ein vortreffliches Wortspiel sagte damals: »c'est le premier vol de l'aigle«. – Ludwig XV. wünschte den Witz eines seiner Hofherren, von dessen Talent man ihm erzählt hatte, auf die Probe zu stellen; bei der ersten Gelegenheit befiehlt er dem Cavalier, einen Witz zu machen über ihn selbst, er selbst der König wolle »Sujet« dieses Witzes sein. Der Hofmann antwortete mit dem geschickten Bonmot: »Le roi n'est pas *sujet*«. Von einer satirischen Komödie sagte Heine: »Diese Satire wäre nicht so bissig geworden, wenn der Dichter mehr zu beißen gehabt hätte.« Von seinen eigenen satirischen Schriften bemerkt er, daß sie ihm viel eingebracht und er auf diese Art aus seinen Feinden Dukaten geschlagen habe. Das Wort »schlagen« ist doppelsinnig, es bedeutet hier die geißelnde Satire und den Gewinn der Dukaten: »Ich verstehe die literarisch-alchemistische Kunst, aus meinen Feinden Dukaten zu schlagen, dergestalt, daß ich dabei die Dukaten bekomme und meine Feinde die Schläge«.

Eines der scherzhaftesten Bonmots, die ich kenne, wird von einem der witzigsten Fürsten erzählt. Auf einer seiner Landesreisen wird der Fürst in einer kleinen Provinzialstadt von der Obrigkeit empfangen und von dem Bürgermeister des Städtchens in feierlicher Anrede begrüßt; an dem kleinen wohlbeleibten Mann tritt nichts so hervor als die weiße Weste in stattlicher Wölbung, das Wetter ist sehr kalt und die Rede nimmt kein Ende; da unterbricht der König den Redner, gleichsam besorgt um seine Gesundheit, und auf die weiße Weste deutend, sagt er gütig: »Mein Lieber, erkälten Sie sich

Ihren *Montblanc* nicht!« Man kann sich den Kontrast zwischen dem Pathos des Redners und dieser Unterbrechung nicht komisch genug vorstellen; und abgesehen von dem höchst lächerlichen Doppelsinn, ist der Einfall darum so gut und echt witzig, weil er unwillkürlich mehr enthält als das Spiel der Vergleichung; denn er macht eine Kombination, die wohl noch keinem in der Welt eingefallen ist: daß sich der Montblanc erkältet!

Je mehr Bedeutungen in einem Wort zusammentreffen oder sich leicht in dasselbe hineinlegen lassen, um so weiter und bequemer wird hier der Spielraum des Witzes, der sich in einem solchen Wort förmlich tummeln kann; ein Wortspiel ruft hier ein zweites hervor, so daß auf ergötzliche Weise mit dem Wortspiele selbst gespielt wird. So kann z. B. das Wort »goldenes Kalb« den Mammon und auch den Götzendienst bedeuten, im ersten Fall ist das Gold, im zweiten das Tierbild die Hauptsache; es kann auch dazu dienen, um nicht eben schmeichelhaft jemand zu bezeichnen, der sehr viel Gold und sehr wenig Verstand hat. Man erzählt von Heine, daß er sich eines Abends in einem Pariser Salon mit dem Dichter Soulié befunden und unterhalten habe, unterdessen tritt einer jener Pariser Geldkönige in den Saal, die man nicht bloß um des Goldes willen mit Midas vergleicht, und sieht sich bald von einer Menge umringt, die ihn mit größter Ehrerbietung behandelt. »Sehen Sie doch«, sagt Soulié zu Heine, »wie dort das neunzehnte Jahrhundert das goldene Kalb anbetet«! Mit einem Blick auf den Gegenstand der Verehrung antwortet Heine, gleichsam berichtigend: »O der muß schon älter sein!«

Es sei nicht bloß ein Wort, welches den Doppelsinn enthält, sondern ein ganzer Satz oder eine Redensart.

Memoria bedeutet Andenken und Gedächtnis, *iudicium* Urteilsspruch und Urteilskraft. Einem Philologen, der sehr viel Gedächtnis, aber sehr wenig Urteil besaß, wurde die

Grabschrift gesetzt: »Hic vir beatae memoriae exspectat iudicium«, die beides bedeutet: »Hier erwartet der Mann seligen Andenkens das Gericht« und »Hier wartet der Mann mit dem guten Gedächtnis auf die Kraft des Urteils«. – Wenn man von jemand sagt, er habe viel Unglück erlebt und sich zuletzt dem Bacchus ergeben, so kann man diese Redensart nur auf *eine* Weise verstehen. Legt man aber diesen Sinn in den Mythus von der Ariadne, so entsteht jener Heinische Witz, der sein Spiel mit dem Mythus beginnt und mit dem Bilde der Ariadne endet, vielleicht ist ihm der komische Einfall bei dem Bilde und dessen Beleuchtung gekommen: »Theseus hat die Ariadne auf Naxos sitzen lassen, sie hat sich dem Bacchus in die Arme geworfen, d. h. sie hat sich dem Trunke ergeben, daher der selige Bethmann seine Ariadne so zu beleuchten wußte, daß sie eine rote Nase zu haben schien.«

2. Die Zweideutigkeit

Das Wortspiel ist doppelsinnig, jede der beiden Bedeutungen muß gelten und zutreffen; eben darin besteht hier die Pointe, die sogleich verfehlt ist, wenn eine der beiden Bedeutungen nicht paßt oder lahmt. Wenn beide gleichmäßig passen und gelten, so haben wir das Wortspiel in seiner harmlosesten Form, es spielt mit den Bedeutungen unverdeckt und offen, die eine ist nicht weniger gemeint als die andere. In jener Antwort: »Le roi n'est pas sujet« bedeutet »sujet« ebenso sehr »Gegenstand« als »Untertan«; nur vermöge der ersten Bedeutung paßt die Wendung auf die Forderung des Königs, nur vermöge der zweiten paßt sie auf den König selbst. Nun kann es kommen, daß zwar in der Form des Witzes beide Bedeutungen gelten und zutreffen, aber in der Absicht desselben die eine vorwiegt und mehr gemeint ist als die andere, wie denn z. B. in dem obigen Wortspiel: »c'est le premier *vol* de l'aigle«

beide Bedeutungen gelten »Flug« und »Raub«, sonst wäre das Urteil gar kein Witz, aber ohne Frage die zweite Bedeutung mehr gemeint ist, als die erste.

Jetzt ist der Doppelsinn nicht mehr harmlos, sondern *pikant*; das Wortspiel hat nicht bloß zwei Bedeutungen, sondern zwei Gesichter, das eine ist Maske, das andere das wahre Gesicht; jenes sieht harmlos aus, dieses hat den Schalk im Nakken. Die Sprache selbst bietet zu dieser pikanten Wendung die Hand, denn sie legt nicht bloß in dasselbe Wort verschiedene Bedeutungen, sondern sie stellt eine hinter die andere und läßt jene im natürlichen und eigentlichen, diese im bildlichen und uneigentlichen Sinn gelten; sie unterscheidet zwischen der ursprünglichen und abgeleiteten, zwischen der sinnlichen und metaphorischen Bedeutung; und die Vieldeutigkeit der Worte erklärt sich zum großen Teil aus dieser logischen Umwandlung der Begriffe. So wird es von Seiten der Sprache dem Wortspiele leicht gemacht, eine Bedeutung gleichsam hinter die andere zu *verstecken*, diese zur Hülle oder zum Deckmantel von jener zu brauchen und auf diese Weise mit der einen Bedeutung unter der Decke der anderen zu spielen. Die Absicht ist nicht, zu verbergen, sondern merken und den verdeckten Sinn wie durch eine Attrappe finden zu lassen.

In dieser Form ist das Wortspiel nicht bloß doppelsinnig, sondern im engeren Sinn *zweideutig* oder équivoque. Im bloßen Doppelsinn ist nichts verborgen, in der Zweideutigkeit ist etwas so versteckt, daß es durch die Hülle erkannt wird; dort verhalten sich die beiden Bedeutungen koordiniert, hier verhalten sie sich, wie Schale und Kern, wie Maske und Gesicht. Gewisse Dinge, welche die Furcht oder Sitte offen zu sagen verbietet und die gerade deshalb einen um so größeren Reiz für den Witz haben und haben müssen, bilden das gelegenste Thema für die zweideutigen oder équivoquen Wortspiele, die auch ihre Skala haben und auf einem gewissen Gebiet ihre unterste Stufe in der Zote finden. Die ganze Feinheit besteht hier in der geschickten Verhüllung, die Plumpheit im Gegenteil davon, in der ungeschickten Entblößung. Mit der Zweideutigkeit hört hier der Charakter des Witzes auf, und ich bemerke, daß man auf diesem Gebiete sehr häufig Witzen begegnet, die keine sind, da sie nicht zweideutig sind, sondern eindeutig.

IV. Der lächerliche Irrtum

Um mit Wortklängen und Wortbedeutungen zu spielen, dazu gehört eine gewisse Meisterschaft über beide. Die Lautähnlichkeit und Vieldeutigkeit der Wörter bildet ein Labyrinth, in dem der Witz sich zurechtfinden muß, und worin das Gegenteil des Witzes sich leicht verirrt. Hat nun der Witz vermöge seiner Meisterschaft auf diesem Gebiet die Gabe des Lächerlichmachens, so gerät das Gegenteil des Witzes hier durch seine Verirrungen in die Lage des Lächerlichwerdens: es entsteht gleichsam als Gegenpol des Witzes die lächerliche Verirrung und Konfusion.

1. Der Galimathias

Im Zustande der Zerstreutheit oder Verwirrung kann es kommen, daß man, beirrt durch die Zusammenstellung und Gruppierung der Worte oder durch deren Lautähnlichkeit, im Fluß der Rede Worte verwechselt, die Ordnung derselben umkehrt, die Stellen vertauscht, sich unabsichtlich verspricht und dadurch lächerlich macht. Ein französischer Advokat soll in einem lateinisch geführten Prozesse, wo es sich um den Hahn des Bauern Namens Matthias handelte, statt »gallus Matthiae« fortwährend gesagt haben »galli Matthias«, daher denn

Der Galimathias.

»Meine Herren! Wir feiern heut das Gründungsfest von unserem
Zimmer-Butzen-Schützen-Stund, wollt' sagen: Stimmer-Butzen-
Zützen-Schund – ah – Bimmer-Schutzen-Bützen-Stund – ah –
Schimmer-Zutzen-Stützen-Zund – der Teufel, daß ich doch das
verfluchte Wort nie fertig bringe.«

diese Art konfusen Sprechens *Galimathias* genannt wurde. In dem noch solideren Zustande der Unwissenheit, welche die Fremdwörter nicht versteht, sondern nur von fern die Laute derselben gehört hat, und die Eitelkeit besitzt, sie zu brauchen, um gelehrt zu tun, wird der Galimathias zur Sprechweise und bildet eine bekannte lächerliche Erscheinung.

Man gerät sehr leicht in den komischen Wirrwarr des Galimathias, wenn man von Gegenständen redet, die man nicht genau kennt, oder Worte braucht, die man nicht im Kopf, sondern nur nach ungefähren Anklängen im Gehör hat. Es ist erstaunlich, wie viel in dieser Art des lächerlichen Irrtums mit wenig Mitteln geleistet werden kann, so daß ein einziges Wort ein ganzes Nest voller Konfusion enthält. Ein weiland berühmter und selbst witziger Berliner Arzt findet sich bei einem Gastmahl einem Manne gegenüber, den er nicht kennt; er hört, es sei Friedrich Tieck; nach einiger Überlegung nimmt er sein Glas, um sein Vis-à-vis zu feiern und ruft ihm zu: »Vivat Oranien!« Niemand begriff, was er wollte. In diesem einen Worte waren ihm drei Konfusionen gelungen: er hatte erstens Friedrich Tieck den Bildhauer mit Ludwig Tieck dem Dichter, zweitens den Dichter Tieck mit dem Dichter Tiedge und drittens Urania mit Oranien verwechselt! Man sieht, daß auch der Galimathias seinen Kettenschluß hat.

2. Der lächerliche Unverstand

Noch gefährlicher ist das Labyrinth, welches die Vieldeutigkeit der Worte bietet, und es gehört nicht bloß die Gabe, sondern auch die Übung logischer Geisteskraft dazu, die Sicherheit und Genauigkeit des Unterscheidens, um sich in diesem Labyrinth nicht zu verirren. Wo diese Bedingungen, welche die bloße Gelehrsamkeit weder macht noch ersetzt, fehlen, wo die Konfusion noch mit einer gewissen Stumpfheit des Denkens Hand in Hand geht, da wird in der Bedeutung der Worte fortwährend gestolpert und geirrt, und der lächerliche Irrtum in der Form des Unsinnsprechens, während man meint, sehr Sinnvolles zu sagen, wird geradezu habituell. Der konfuse Geisteszustand, der sich hier erkennbar macht, ist nicht bloß Verwirrung, sondern Verworrenheit. Da nun die logische Geistesübung weit seltener ist, als man glaubt, so ist der lächerliche Unsinn, den man in Rede und Schrift zu genießen bekommt, über alles Erwarten häufig. Es ist nicht wahr, was die Alten gesagt haben, daß Gleiches stets durch Gleiches erkannt wird, denn die Dummheit wird nicht erkannt durch die Dummen; daher denn der Unsinn, obgleich er haufenweise geredet und geschrieben, auch gehört und gelesen wird, größtenteils in einem glücklichen Incognito existiert. Ich habe mir eine Blumenlese dieser Gattung gesammelt und zu meiner überraschten Erfahrung in der sogenannten gelehrten Literatur eine überaus reiche Ernte gefunden. Da es sich hier nicht um Namen, sondern bloß um Beispiele handelt, so werde ich einige solcher Fälle anführen, für welche der Zusammenhang, worin sie etwa sich befinden, völlig gleichgültig ist, und die aus solchen Darstellungen genommen sind, wo man sie am wenigsten sucht, weil deren Gegenstände die geringsten logischen Schwierigkeiten bieten.

Ich erinnere mich der Schriften eines vielgereisten Archäologen, die sich für wissenschaftliche Großtaten ausgaben und auch bei manchen als solche galten, und die geradezu wimmeln von Beispielen des lächerlichen Unsinns bei Vorstellungen der anschaulichsten und leichtesten Art. Es bedarf hier kaum einer Auslese, ich greife mitten hinein in das wimmelnde selbstzufriedene Völkchen und bringe eine Hand voll davon zum Vorschein. Wir sind in Ägypten, der wackere Archäologe rühmt die Trinkbarkeit des Nilwassers und will sagen, daß der Durst nach demselben eine wahre Leidenschaft werden könne, aber das verwirrt sich in seinem Kopfe, und er sagt: »Sein Wasser kann zu einer wahren Leidenschaft werden als Getränk«. Da aus dem Nilschlamm nicht mehr, wie die Sage erzählt, lebendige Wesen entstehen, so beruhigt er seine Leser: »Damals war die Luft schwüler, denn jetzt geht der Strom in glänzender Breite, aber unverdächtig vorüber«. Wir sollen über die Entstehung der Ilias belehrt werden, zu diesem Zwecke läßt er die Bemerkung des Horaz vorausgehen, daß »Homer ohne viel Umschweife gleich in die Mitte seiner Tatsachen falle«, dann fährt er selbst so fort: »Wir wollen auch mitten hineinfallen und sagen: er stand als Mann am breiten Hellespontos« u.s.w. Nun weiß man nicht, ob der brave Mann, um uns die Ilias zu erklären, in die Tatsachen oder in den Hellespont fällt? Die bekannte Gruppe des Laokoon nennt er »eine seelenlose Phrase«, sie erscheint ihm übertrieben und gesucht, unwert aller Teilnahme, denn »welche Teilnahme sollen wir haben für eine Szene, die ein so äußerst seltener Fall in der Naturgeschichte ist?« An einer anderen Stelle wird das römische Kolosseum beschrieben, und es soll gesagt werden, daß die Menge durch achtzig Tore ein- und ausging; es wird gesagt: »Achtzig Tore brachten die Zuschauer auf die Sitze und entleerten diese Sitze eben so schnell«. Von dem Vestatempel in Tibur, in dessen Nähe sich eine Locanda befindet, heißt es: »Glücklicherweise ist der Tempel in den Hof einer Schenke gebaut.« Die Schlucht daneben wird so beschrieben, daß sogar die einfachste räumliche Vorstellung auf den Kopf zu stehen kommt: »Eine tiefe Schlucht dringt von links herauf«. Das ägyptische Skulpturbild eines Hundes erscheint, von einer gewissen Seite betrachtet, dreibeinig; unser Mann nennt das »die Dreibeinigkeit der Seitenansicht«.

Ich habe den Direktor einer höheren Schulanstalt in Süddeutschland gekannt, der eine förmliche Virtuosität im lächerlichen Unsinn hatte, denn selbst die einfachsten Dinge richtig zu sagen, ging ihm wider die Natur. Was er sagte oder schrieb, verkehrte sich unmittelbar in seinem Kopf, alles wurde hier zu Unsinn, wie unter den Händen des Midas alles zu Gold. Man kann nicht sagen, daß in diesem Fall die Ungereimtheit incognito blieb. In einem seiner Schulprogramme werden die Zahlungstermine des Schulgeldes bestimmt, der betreffende Satz, in dem man einen Irrtum nicht für möglich halten sollte, lautet: »Das Schulgeld wird von jetzt an halbjährlich in Quartalzahlungen entrichtet«. In einer seiner Schulreden hörte ich ihn die Vorteile des Turnens rühmen; einen dieser Vorteile, der ihm besonders wichtig schien, pries er in folgender Weise: »Das Turnen gibt den Lehrern Gelegenheit, die Schüler auch von einer anderen Seite kennen zu lernen«.

Zu den lächerlichen Verirrungen im Sinn und der Bedeutung der Worte liefert eine Fülle von Beispielen der schülerhafte Unsinn, der beim Übersetzen zum Vorschein kommt. Aus dem Satz, daß man den Mittelweg am sichersten geht (in medio tutissimus ibis), brachte ein Schüler die naturgeschichtliche Merkwürdigkeit heraus: »Der Ibis ist am sichersten in der Mitte«. Indessen sind die Schüler entschuldigt, nachdem Samuel Lange, den man einst den deutschen Horaz nannte, statt der »schlummerbringenden Becher« (lethaeos pocula ducentia somnos) »zweihundert Becher Schlafs« übersetzt hat.

Auch die *Gebärden* sind eine Sprache, in deren Ausdruck der Unverstand auf höchst lächerliche Weise sich verirren und fehlgreifen kann, wenn etwas ganz anderes der Gestus, etwas ganz anderes das Wort sagt, das jener begleitet. Solche Äußerungen des lächerlichen Unverstandes kann man bei ungeübten und gedankenlosen Schauspielern, um keine anderen Beispiele zu nennen, sehr häufig beobachten. Wie lächerlich die unverständige und konfuse Gebärdensprache ist, hat Lessing in seiner Dramaturgie treffend charakterisiert, indem er sie lächerlich macht. In der Rolle des Schiller'schen Tell nahm ein Schauspieler, der weder Übung noch Einsicht hatte, den Anfang des bekannten Monologs für eine nach innen gerichtete Meditation, und indem er tiefsinnig den Finger an seine Stirn legte, sprach er unter dieser demonstrativen Gebärde, die wie ein naives Selbstbekenntnis aussah: »Durch diese hohle Gasse muß er kommen!« Nämlich nicht der Geßler, sondern der Monolog.

Da der lächerliche Irrtum, dieser Gegenpol des Witzes, in allen seinen Formen zu den Erscheinungen gehört, welche die komische Vorstellungsweise mit großer Heiterkeit betrachtet und genießt, so erklärt sich, warum in den Komödien diese Motive so häufig und ergötzlich gebraucht werden: das Galimathisieren, das Stolzieren mit Fremdwörtern, die immer falsch und zweckwidrig herauskommen, das Unsinnsprechen u.s.f. In allen diesen Fällen erzeugt der Witz die Geisteszustände, denen er fehlt, und er läßt sie durch die Hervorhebung und Karikatur so deutlich in unser Auge fallen, daß sie nicht mehr verborgen bleiben.

V. Der Mutterwitz

Klangwitz und Wortspiel sind leicht zu unterscheiden. Wenn Falstaff beginnt: »Ich will euch sagen, was mir *vorschwebt*«, und ihm zugerufen wird: »Ein Wanst von hundert Pfund, Sir John«, so wird hier mit dem Doppelsinn des Wortes »vorschweben« grob genug gespielt. Falstaff nimmt es metaphorisch, der andere räumlich. Wenn jener dagegen bemerkt: »Keine Wortspiele! es ist hier nicht die Rede von *Wänsten*, sondern von *Gewinnsten*, nicht von *Dicke*, sondern von *Tücke*«, so sind dies Klangwitze, und zwar wohlfeile. Die erste Wendung war Bonmot, die zweite Calembour.

In den Klangwitzen und Wortspielen wird der Witz eigentlich nur zur Hälfte erfunden, zur anderen Hälfte wird er vorgefunden; denn die Lautähnlichkeit und Vieldeutigkeit der Worte ist ein Werk der Sprache, die wir vorfinden, und es ist gleichsam der Witz der Sprache selbst, so wunderbar und überraschend mit Wortklang und Wortsinn zu spielen. Daher muß, um seine volle Freiheit zu gewinnen, der Witz noch einen Schritt tiefer in das Innere der Vorstellungen eindringen: vom Klang in das Wort, vom Wort in den Sinn und Gedanken!

Die Pointe liegt nicht mehr im Wort vermöge seines Klanges, auch nicht im Wort vermöge seines Doppelsinnes, sondern bloß im Sinn und Gedanken, bloß in der Kraft und Bedeutung des Urteils. Es ist nicht mehr Wortwitz, sondern Gedankenwitz, rein intellektueller Witz, die freieste, gedankenvollste und darum höchste Form des Witzes, die selbst wieder einen Reichtum von Formen in sich enthält. Hier spielt das Urteil nicht mehr mit dem Wort, sondern mit sich selbst. Um mit der Lautähnlichkeit und dem Doppelsinn der Worte zu spielen, brauchte man eine gewisse Herrschaft in dem einen Falle über die Wortklänge, in dem anderen über die Wortbedeutungen. Zum Gedankenwitz gehört eine Art Meisterschaft in dem Reiche des Urteils selbst: man muß ein Auge haben für den Wert und Unwert der Urteile, für Sinn und Unsinn; man muß die Kraft haben, beide leicht und schnell zu unterscheiden, den Unsinn leicht und schnell zu erkennen und erkennbar zu machen. Wenn diese Erkenntnis spielend geschieht und sich mitteilt, so ist sie witzig. Es ist unmöglich, daß jemand die Herrschaft hat in dem ganzen Reiche des menschlichen Denkens und Wissens; aber seine Vorstellungswelt, worin er lebt und einheimisch ist, hat jeder, und hier findet der intellektuelle Witz, wenn die Kraft dazu vorhanden ist, seinen natürlichen Spielraum.

Der intellektuelle Witz ist ein *spielendes Erkenntnisurteil*. Es kann nicht spielend stattfinden, ohne leicht und schnell bei der Hand zu sein, es ist ein schlagfertiges Urteil in Ansehung sowohl des Ursprungs als des Ausdrucks. Diese Leichtigkeit der Entstehung verleiht nur die Natur. Daher ist in seinem Ursprunge der intellektuelle Witz eine Naturgabe, er gehört zu den Fähigkeiten, die gewöhnlich mütterlicher Abkunft sind, wir haben »vom Mütterlein die Frohnatur, die Lust zum Fabulieren«. Ich nenne daher den intellektuellen Witz, um seine natürliche Entstehung zu bezeichnen, *Mutterwitz*. Wortwitze, welche die Sprache so leicht finden läßt, kann man auch ohne viel Mutterwitz machen, namentlich schlechte, aber gute, treffende, schlagfertige Urteile fordern die Naturgabe der Intelligenz, die dem höheren Witz überall zu Grunde liegt und sich am reinsten und ergötzlichsten da zeigt, wo sie naiv ist, in solchen Personen, Ständen, Lebensgebieten, wo die künstliche Bildung am wenigsten hinzugefügt, oder auch in solchen, wo zwar die künstliche Bildung, Wissenschaft und Gelehrsamkeit in hohem Maße vorhanden sind, aber diese Gabe gar nicht unterdrückt oder verkümmert haben. Und um gleich den Mutterwitz mit seinem Gegenteil zu konfrontieren, so wird dieses letztere am ergötzlichsten und lächerlichsten da erscheinen, wo zwar die künstliche Bildung mit ihrem ganzen Pomp, mit Rang, Würde und Gelehrsamkeit sich vorfindet, aber auch nicht ein Fünkchen Mutterwitz hat, zum deutlichen Beweis, daß alle künstliche Bildung nicht im Stande ist, ein solches Fünkchen zu erzeugen. Das ist die schnurrige Geschichte, die sich in der Welt so oft erlebt:

> Auch war einmal ein Abt, ein gar stattlicher Herr,
> Nur schade, sein Schäfer war klüger als er!

VI. Das Spiel mit dem Unsinn

1. *Das witzige Weißmachen*

Das Gegenteil des Mutterwitzes, ich meine die völlige Abwesenheit desselben, ist derjenige Geisteszustand, den man als die liebe Einfalt oder Simpelhaftigkeit zu bezeichnen pflegt. Der natürliche Witz auf der einen und die natürliche Dummheit auf der andern Seite, dort die Schlagfertigkeit, hier die Unfähigkeit des Urteils, bilden einen Kontrast, der komisch erleuchtet sein will. Wie der Mutterwitz Naturgabe ist, so ist dessen völlige Abwesenheit Naturfehler; wie die komische Vorstellungsweise auf ihrer niedrigsten Stufe die äußeren Verunstaltungen erhellt und als Karikatur hervorhebt, so gibt es für den Mutterwitz nichts, das ihm näher läge und ergötzlicher wäre, als die natürliche Dummheit zu entdecken, hervorzuholen und in dasjenige Licht zu setzen, worin sie sich auf das Deutlichste präsentiert. Dies ist das erste Objekt, das ihn anzieht, diese Erleuchtung ist die erste und nächste Erheiterung, die er sich und anderen verschafft.

Der Mutterwitz hat die Kraft, Sinn und Unsinn schnell und spielend zu erkennen; die natürliche Dummheit hat diese Kraft nicht und zeigt sich am erkennbarsten gerade darin, daß sie den Unsinn für Sinn hält. Auf diese Probe stellt sie der Mutterwitz. Er unternimmt das heitere Experiment, er erfindet den Unsinn, den die Dummheit gläubig und staunend annimmt, er macht diese Erfindung spielend und leicht, seines Fanges im voraus sicher. Das Witzigsein besteht hier im Weißmachen, der erfundene Unsinn besteht hier in irgend einer baren Unmöglichkeit, die jedem Urteilsfähigen sofort einleuchtet, aber zugleich etwas Scheinbares, Verblendendes und Verlockendes hat, das sich zur lieben Einfalt verhält, wie der Speck in der Falle zu den Mäusen. Wenn dem Unsinn der Speck fehlt, so geht auch die Dummheit nicht in die Falle, und wenn das Erfundene bloß unwahr ist, aber gar keine Unmöglichkeit enthält, wie man wohl die Leute in den April schickt, so ist das Aufbinden in diesem Fall höchstens ein Spaß, aber kein Witz.

Ein paar aus dem Leben geschöpfte Beispiele werden dieses Spiel des Witzes mit der Einfalt am besten kenntlich machen. Man kann schon an Kindern beobachten, wie gern sie ihren Mutterwitz auf diese Weise auslassen und dem Unverstande, wo sie ihn bemerkt haben, die Falle stellen; ihre Neigung, den Schwächen anderer, namentlich älterer Personen aufzulauern und die lächerlichen Figuren daraus zu lösen, wiederholt sich hier in einer höheren Potenz. Zwei meiner Mitschüler hatten einen etwas simplen Oheim, der ihre Schularbeiten bisweilen in Augenschein nahm und nichts davon verstand; einst fand er sie mit einer Rechnung beschäftigt und sah zum erstenmal in seinem Leben Vegas Logarithmentabelle; erstaunt über das große Buch voller Zahlen, fragt er, was es sei? Einer der beiden Knaben antwortete mit einer von der Schwere der Arbeit bedrückten Miene: »Es sind die Hausnummern von Europa!« Der Mann glaubt es. Warum sollen Zahlen keine Hausnummern sein? Er war den Tag über sehr ernst und äußerte Abends in einem Gesellschaftskreise, wo man ihn fragte, warum er so nachdenklich sei, daß ihm seine Neffen leid täten, man habe schon in seiner Jugend viel lernen müssen, aber es sei nichts gegen die heutigen Anforderungen; da sitzen die Jungen zu Hause und lernen die Hausnummern von Europa! Er habe ihnen die Arbeit nicht verleiden wollen und verkenne auch nicht ihren Nutzen; wenn man noch einmal Paris einnehme, so sei es freilich eine hübsche Sache, gleich die Hausnummern zu wissen! – Unweit von hier lebte ein dem Onkel meiner Mitschüler nicht unähnlicher Mann, der sich gern pikante Neuigkeiten mitteilen ließ und diese schnell verbreitete, ohne sie im mindesten zu prüfen, wozu er auch gar keine Fähigkeiten hatte. Diesem wurde weißgemacht, daß endlich eine der größten artilleristischen Entdeckungen gelungen sei, man habe die Kunst gefunden, mit Kanonen um die Ecke zu schießen. Da ihm die Sache nicht gleich einleuchtete, so wurde sie ihm zu seiner vollen Genugtuung erklärt: bekanntlich beschreibe das Geschoß eine Kurve, daher brauche man die Kanone nur auf die Seite zu legen, so gehe die Kugel um die Ecke.

Da eine gewisse Art der Gelehrsamkeit möglich ist, ohne allen Mutterwitz, so kann sich dieselbe mit dem natürlichen Gegenteil des letzteren sehr gut in einer und derselben Person vertragen, und man hat häufig genug die Erfahrung gemacht, wie die künstlich angelernte Gelehrsamkeit und der natürliche Mangel an Witz so vortrefflich zusammenpassen, daß beide gemeinschaftlich wachsen und die Dummheit gleichsam mitstudiert. Nichts ist ergötzlicher, als wenn so ein weiser Dummkopf dem Mutterwitz in das Garn läuft. Hat sich doch einer dieses Geschlechts allen Ernstes weißmachen lassen, daß soeben in der medizinischen Welt eine pathologische Begebenheit ungeheures Aufsehen errege, einem Patienten sei der Gebrauch von Eselsmilch angeraten worden, und ein etwas zu reichlicher Genuß davon habe einen unaufhaltsamen Einfluß auf das Wachstum der Ohren geäußert. Der weise Mann hat sich zuerst, wie es der Anfang aller Philosophie mit sich bringt, gewundert, aber bald durch die Erklärung belehren lassen, die ihm auf seine Bitte der Professor der Physiologie gab.

2. Der Aberwitz

Indessen wollen unsere Thebaner, gelehrte und ungelehrte, nicht bloß die Zielscheiben des Witzes sein, sondern selbst die fernhin treffenden Schützen; sie nehmen den Witz für sich in Anspruch, sie leben im Wahn seines Vollbesitzes, und es lohnt die Mühe, hier einen Augenblick zu verweilen und vorübergehend zu untersuchen, was aus dem Witz wird, wenn er in die Mache derer gerät, die keinen haben. Was ist der Witz ohne die Kraft des Witzes, ohne jene natürliche Fähigkeit und Inspiration, die unwillkürlich das Richtige trifft, leicht und spielend Sinn und Unsinn unterscheidet: was ist dieser *mutterlose* Witz, der schon verwaist auf die Welt kommt und nur einen Vater hat, aber keine Mutter? Ihm fehlt, was der Mutterwitz hat: der Sinn für den Sinn! Sein Kennzeichen und gleichsam die Probe, die er ablegt, haben wir an dem Gegenteil des Mutterwitzes kennen gelernt; sie besteht darin, daß er den baren Unsinn für Sinn hält: jene Art des Unsinnes meine ich, die der Mutterwitz zum Besten der Einfalt erfindet. Warum sollte der Unverstand dieses Geschäft nicht selbst verrichten, diese Probe, die sein Meisterstück ist, nicht aus freien Stücken ablegen und aus eigenem Bedürfnis zu seiner eigenen Befriedigung jenen Unsinn, den er für Sinn hält, selbst erfinden? Was der Mutterwitz an ihm vollzieht, um ihn zu entblößen, das leistet er mit hoher Zufriedenheit selbst, um sich als Meister zu zeigen. Wenn nun der weise Mann, es sei der Thebaner oder der Schildbürger, selbst auf den Einfall kommt, die Hausnummern von Europa zum Lehrbuch zu machen, mit Kanonen um die Ecke zu schießen, mit Hilfe der Eselsmilch die Ohren wachsen zu lassen, das Licht im Sacke einzufangen und nach Hause zu tragen u.s.f.? Hier haben wir den Witz in seiner völligen Verkehrung und Mißgestalt: statt der sinnvollen und scheinbar widersprechenden Combination erfindet er die sinnlose und in Wahrheit unmögliche und nimmt sie für Sinn. Er *erfindet* und hat insofern etwas dem Witz Ähnliches, aber es ist der Witz ohne das Vermögen des Witzes, ohne jede echte Bedingung desselben, der Witz, der sich zum Mutterwitz verhält wie der Aberglaube zum Glauben: *der Aberwitz!* Es gehört zum Aberwitz, besonders wenn er sich auf gelehrte

Das witzige Abfertigen.

Tourist: »Mit was handeln Sie, wenn ich fragen darf?« – *Handlungsreisender* (den alten Witz aufwärmend): »Mit Verstand!« – *Tourist:* »Proben haben Sie wohl nicht bei sich?!«

Dinge einläßt, daß er seine eigenen Empfindungen anstaunt und den Wunsch hat, angestaunt zu werden. Daher kann man eine Unzahl Beispiele desselben gedruckt haben, und ich erinnere bloß daran, was der Aberwitz geleistet hat in der Erklärung großer Dichtungen, z. B. des Goetheschen Faust, ja sogar des Lessingschen Nathan, bei welchem letzteren man eine Auflösung in bare Sinnlosigkeit nicht für möglich halten sollte. Aber die törichte Unmöglichkeit ist eben das Gebiet, auf dem der Aberwitz sein Spiel treibt, er hält das Sinnlose für Sinn und verkehrt das Sinnvolle in Unsinn. Wird aus diesem Spiele Wahn, so geht der Aberwitz in den *Wahnwitz* über: das ist die fixe, auf Unmöglichkeiten gerichtete Spekulation.

3. Das witzige Abfertigen

Lassen wir jetzt den Mutterwitz selbst in die Lage gelockt werden, worin sein Gegenteil sich fangen ließ und eine so lächerliche Figur spielte, so wird sich zeigen, daß er die Falle ebenso witzig zu vermeiden als zu stellen weiß, daß er die Vexierfrage, die ihn zu Fall bringen will, mit einer gleich bereiten und treffenden Antwort zurückwirft, daß er den Unsinn, der ihm begegnet, leicht und spielend sowohl erkennt als erkennbar macht. Das Lachen bleibt auf seiner Seite. Vorher zeigte er sich in dem witzigen Weißmachen, jetzt in dem witzigen Abfertigen.

Herzog Karl von Württemberg trifft auf einem seiner Spazierritte von ungefähr einen Färber, der mit seiner Handtierung beschäftigt ist. »Kann er meinen Schimmel blau färben?« ruft ihm der Herzog zu und erhält die Antwort zurück: »Jawohl, Durchlaucht, wenn er das Sieden vertragen kann!« Friedrich der Große hört von einem Prediger in Schlesien, der im Rufe steht, mit Geistern zu verkehren; er läßt den Mann kommen und empfängt ihn mit der Frage: »Er kann Geister beschwören?« Die Antwort war: »Zu Befehl, Majestät, aber sie kommen nicht!« – Wer sich an den Mutterwitz wagt, dem geht es leicht wie den Studenten in Auerbachs Keller mit dem Mephistopheles, sie wollen ihn schrauben, und am Ende sind sie die Verdutzten. »Gib Acht, ich schraube sie«, sagt Frosch. »Ihr seid wohl spät von Rippach aufgebrochen, habt ihr mit Herrn Hans noch erst zu Nacht gespeist?« »Heut sind wir ihm vorbeigereist, wir haben ihn das letzte- mal gesprochen, von seinen Vettern wußt' er viel zu sagen, viel Grüße hat er uns an jeden aufgetragen.« »Da hast du's«, sagt Altmeyer, »der versteht's!« »Ein pfiffiger Patron«, be- merkt Siebel.

Klangwitze und Wortspiele kann man nicht machen ohne Worte; der intellektuelle Witz besteht bloß im Urteil und kann auch durch ein Zeichen, durch eine Handlung ohne Worte ausdrücken, daß er den Unsinn durchschaut hat und treffend abzufertigen versteht. Hier besteht in einem bedeu- tungsvollen Zeichen die Pointe ohne Worte. Dem Papst Leo X. widmete jemand ein Lehrgedicht, welches die Kunst Gold zu machen enthielt; der witzige Papst schenkte dem Dichter als Anerkennung eine prachtvolle Börse, die ganz leer war. Dieses Geschenk war die stumme Antwort, die nicht treffender und witziger sein konnte.

Wenn ich vom Mutterwitz rede, so fällt mir immer wieder jenes »schnurrige Märchen« ein, welches Bürger so hübsch erzählt hat, von den drei verfänglichen Fragen, womit der kurrige Kaiser den guten Abt von St. Gallen in eine so schlimme Verlegenheit gebracht hat:

> Er schickte nach ein, zwei, drei, vier Universitäten,
> Er fragte bei ein, zwei, drei, vier Fakultäten,
> Er zahlte Gebühren und Sporteln vollauf,
> Doch löste kein Doktor die Fragen ihm auf.

Niemand hilft ihm als Hans Bendix, der Schäfer, der augenblicklich Rat weiß:

> Versteh' ich gleich nichts von lateinischen Brocken,
> So weiß ich den Hund doch vom Ofen zu locken,
> Was ihr euch, Gelehrte, für Geld nicht erwerbt,
> Das hab' ich von meiner Frau Mutter geerbt.

Und Hans Bendix wußte nicht bloß die kurrigen Fragen so treffend zu beantworten, daß der Kaiser ganz verdutzt und erstaunt war, er war noch weit klüger, er hatte mehr Witz nicht bloß als der Abt, sondern auch als der Kaiser, der ihn wegen seines Mutterwitzes gleich mit Ring und Stab belehnen und zum Prälaten machen wollte: er war so gescheidt, daß er lieber Schäfer sein wollte als Abt.

4. Der verborgene Unsinn

Um die liebe Einfalt komisch zu fangen und sich selbst von der ähnlichen Schlinge nicht fangen zu lassen, um auf witzige Art sowohl weißzumachen als abzufertigen, dazu war die Kraft des spielenden und erfinderischen Urteils nötig, die sich im zweiten Fall schon freier und mächtiger zeigt als im ersten. Indessen ist in beiden Fällen die Probe, welche jene Kraft ablegt, noch von leichter Art; wir sehen, daß der Witz mit der Einfalt zu spielen versteht und dieses Spiel mit sich selbst nicht treiben läßt; wir erkennen, daß er das Gegenteil der Dummheit ist, was nicht viel sagen will. Er wäre wenig, wenn er nicht mehr wäre, wenn er sich bloß legitimierte, kein Einfaltspinsel zu sein!

In der Einfalt liegt die Dummheit offen zu Tage, hier ist sie leicht zu entdecken und hervorzuholen. Aber wie in unseren Begehrungen, auch wenn keine Laster hervortreten, doch viele Schlechtigkeit verborgen ist, so enthält die menschliche

Intelligenz, auch wenn sie keineswegs einfältiger Art ist, doch viele Torheit. Niemand entgeht dem Schicksal des Häßlichen, keine lebende Gestalt ist mangellos, kein menschlicher Geist so klar, daß in seinen Vorstellungen nichts unentfaltet, nichts einfältig und verworren wäre. Es gibt keinen menschlichen Geist, dessen Vorstellungen in vollem Einklange sind, so daß sich nirgends ein Widerspruch oder eine Ungereimtheit fände. Ich rede nicht von den Widersprüchen, die wir einsehen und doch in uns walten lassen, sondern von denen, die uns befangen, ohne daß wir sie merken. Oft genug wollen und bejahen wir eines und daneben, als ob alles in bester Ordnung wäre, ein anderes, das jenem schnurstracks zuwiderläuft; oft genug wollen und bejahen wir dieses und daneben ein zweites und drittes, wodurch das erste wieder Stück für Stück rückgängig gemacht wird. Das sind die Verkehrtheiten und Sinnlosigkeiten, die in jeder menschlichen Vorstellungswelt vorkommen; sie erinnern mich an jenen Frankfurter Bürger, der im März 1848 mit vielen anderen, die vor dem Römer versammelt waren, nach Preßfreiheit schrie und, als der Senat erklärte, sie sei bereits gegeben und die Zensur sei schon aufgehoben, seinem Zorne Luft machte: »Das seien saubere Zustände, wenn man eines gebe, nehme man gleich ein anderes weg, jetzt wolle er beides haben, Preßfreiheit und Zensur!« Ich glaube, daß etwas Ähnliches dem menschlichen Geiste sehr häufig begegnet und überall da, wo man nicht recht weiß, was man will, nicht klar denkt, was man sagt, nicht genau und deutlich unterscheidet, was man zu denken sich einbildet. Es gibt in jeder menschlichen Intelligenz Vorstellungen, die ganz so gut zusammenpassen, als im Kopfe jenes Frankfurters Preßfreiheit und Zensur, auch wenn der Widerstreit nicht so handgreiflich hervortritt; es gibt in unserer Vorstellungswelt »manchen viereckigen Zirkel« und »manches Messer ohne Klinge und Stil«, um Lichtenbergs witzigen und treffenden Ausdruck zu brauchen.

Den Unsinn und die Sinnlosigkeiten, welche tiefer liegen als die Oberfläche der gewöhnlichen Einfalt, zu erkennen und so leicht und schlagend hervorzugeben, daß sie jedem einleuchten, ist die Sache des höheren Witzes. Was diesem gegenübersteht, ist nicht die platte Dummheit, sondern der mehr verborgene, tiefer liegende oder sogenannte höhere Unsinn. In Lichtenbergs Messer ohne Klinge und Stil erkennt jeder sogleich das Sinnlose. Wenn aber in philosophischer Kunstsprache ähnliche Wahrheiten demonstriert werden, so gibt es manche, die ganz erstaunt sind, wie scharf ein solches Messer ohne Klinge und Stil schneidet.

Man glaubt gar nicht, wie oft das menschliche Denken nach dem Hexeneinmaleins rechnet, dessen Geheimnis Goethe so witzig enthüllt hat: »*Und neun ist eins und zehn ist keins, das ist das Hexeneinmaleins!*« Gewiß »die Kunst ist alt und neu«. So mögen in unseren Tagen manche in Frankreich sein, die Deutschland gegenüber Elsaß-Lothringen wollen, aber nicht den Krieg; wie es bei dem letzten Kriege manche gegeben hat, die sich die deutschen Streitkräfte nach der Vorschrift des Hexeneinmaleins berechnet haben mögen: »Und neun ist eins und zehn ist keins!«

5. Die witzige Dummheit. Das Oxymoron

Indessen ist nicht alles sinnlos und verkehrt, was auf den ersten Blick es zu sein scheint; Vorstellungen, die einander widerstreiten oder in ihrer Verbindung ungereimt und sinnlos erscheinen, können, richtig verstanden, ein höchst treffendes Urteil enthalten, ähnlich jenen sokratischen Reden, von denen man gesagt hat, daß sie auswendig oft einfältig und lächerlich aussahen, inwendig stets voller Geist und Sinn waren. Nichts kann dem Witz, der seinen Lauf außerhalb der gewöhnlichen Gedankenverbindungen nimmt, willkommener sein, als eine solche scheinbare Ungereimtheit zu ergreifen und aus dem Unsinn selbst seine Pointe zu machen. Wenn er vorher darauf ausging, die Dummheit zu treffen, so sagt er jetzt *treffende Dummheiten*, scharfsinnige Narrheiten, sinnvollen Unsinn und erscheint in der Form, welche die Alten »*das Oxymoron*« nannten.

Um gleich mit einem Beispiel nach der Methode des Hexeneinmaleins zu beginnen, so ist es ein offenbarer Widersinn zu sagen: $6 + 7 = 15$. Wenn man aber damit eine gewisse Art von Wirtshausrechnungen charakterisieren will, so ist dieser Unsinn treffend. Lichtenbergs Messer ohne Klinge und Stil ist das Symbol des Sinnlosen. Wenn er aber unter anderen merkwürdigen Dingen, die zu haben sind, auch »zweischläfrige Kirchenstühle« aufführt, so fällt uns ein, daß es Leute gibt, die davon Gebrauch machen können. Es ist ohne Zweifel einfältig, dreimal hintereinander dasselbe zu sagen. Wenn aber Montecuculi auf die Frage, was zum Kriege nötig sei, antwortete: »1. Geld, 2. Geld, 3. Geld«, so hat diese Wiederholung ihren sehr guten Sinn.

Reden und Schweigen sind entgegengesetzt, doch sagt man: »ein beredtes Schweigen« und versteht darunter keinen viereckigen Zirkel. Dieses einfache Oxymoron läßt sich weiter und immer witziger entwickeln. Wenn das Schweigen beredt sein kann, so darf man auch sagen: »Zu den redenden Künsten gehört auch die schweigende«. Wenn aber die Kunst, seine Gedanken zu verschweigen oder zu verheimlichen, zur Redekunst gehört, warum soll ich die Ordnung nicht umkehren und sagen dürfen, daß die zweite im Dienste der ersten steht, daß es im Reden weniger darauf ankommt, seine Gedanken mitzuteilen als zu verbergen? Da haben wir den berühmten und witzigen Ausspruch Talleyrands: »Die Sprache ist erfunden, um seine Gedanken zu verbergen«. Hier ist die scheinbare Ungereimtheit auf die

Spitze getrieben und dadurch die Pointe vollendet. Dieses Oxymoron bildet den Gegensatz des ersten. Mit dem »beredten Schweigen« meinte man das Schweigen, welches redet, das vielsagende, ausdrucksvolle Schweigen; Talleyrand meint das Reden, welches verheimlicht, die verstellende, täuschende Rede, die gerade in seinem Munde ein Meisterstück diplomatischer Kunst war.

Um ein Buch zu rezensieren, sollte man es erst lesen, dann verstehen, zuletzt, wenn man es besser weiß, beurteilen. Dies wäre die richtige Ordnung, die aber unsere Rezensenten von Metier bekanntlich umzukehren verstehen und sich ihr Geschäft dadurch außerordentlich erleichtern. Dieses Literatenhandwerk hat Jean Paul in seinem Siebenkäs durch ein sehr geistvolles und treffendes Oxymoron erleuchtet, indem er den Rezensenten sagen läßt: »Ich kann dieses Buch nicht einmal rezensieren, geschweige denn lesen«.

VII. Der epigrammatische Witz

Vergleichen wir die bisherigen Entwicklungsformen des Witzes mit dem Begriffe desselben, wie wir ihn gefunden und festgestellt haben, so ist unverkennbar, wie mit jeder Stufe die Natur des Witzes reiner zum Vorschein kommt. Unsere Erklärung hatte gezeigt, »wie das spielende Urteil nicht schrittweise geht, sondern frei von der Richtschnur und Fessel des gewöhnlichen Denkens, im Widerspruch mit der Hausordnung und den Hausgesetzen des Geistes, seine Vorstellungen wie im Fluge herbeiholt und unmittelbar verknüpft; was unvereinbar scheint, ist mit einem Male verbunden, und in demselben Augenblick, wo uns dieser Widerspruch noch auffällt, überrascht uns schon die sinnvolle Erleuchtung«. Diesem

Charakter entspricht unter den entwickelten Formen keine so augenfällig als das Oxymoron, als der sinnvolle Unsinn, dessen Pointe eben darin besteht, den treffenden Sinn aus dem scheinbaren Unsinn hervorspringen zu lassen. Vergleichen wir das erste Glied der bisherigen Reihe mit dem letzten, das Klangspiel mit dem Oxymoron, so ist der Abstand deutlich zu sehen, und wie viel mehr Witz in der letzten Stufe enthalten ist als in der ersten. Zu den Calembours gehörten auch die dummen Witze, das Oxymoron ist stets eine witzige Dummheit; beide unterscheiden sich so, daß die dummen Witze dumm, die witzigen Dummheiten dagegen witzig sind.

Nun könnte es ein Oxymoron gar nicht geben, wenn die scheinbare Ungereimtheit auch immer die wirkliche wäre, wenn jede natürliche Entgegensetzung der Vorstellungen die Vereinigung unmöglich machte, und ebenso jede natürliche Vereinigung den Gegensatz. Nichts ist natürlicher als die Entgegensetzung von Schweigen und Reden, doch kann das Schweigen ausdrucksvoll, vielsagend, beredt sein; nichts ist natürlicher, als daß wir ein Instrument seinem Zwecke gemäß brauchen, daß der künstliche Gebrauch der Sprache zusammenfällt mit der natürlichen Absicht derselben: seine Gedanken mitzuteilen. Doch kann die künstliche Absicht gerade das Gegenteil bezwecken: seine Gedanken zu verbergen.

Hier sehen wir, wie das Oxymoron entsteht: es wird ermöglicht durch die Natur und das vieldeutige Verhältnis unserer Vorstellungen, die nicht so vieldeutig wären, wenn es nicht das menschliche Leben und die Mannigfaltigkeit menschlicher Lebensäußerungen und Zwecke so mit sich brächte. Wer bei dem nächsten und alltäglichen Verhältnis der Vorstellungen stehen bleibt und ein tieferes nicht einsieht, dem werden wir keinen besonderen Scharfblick und nur wenig Witz zutrauen. Gerade in diesem Scharfblick, der auch Tiefblick sein kann, zeigt sich die durchdringende Urteilskraft, die sich nicht gefangen gibt unter das erste beste simple Verhältnis der Vorstellungen, sondern überall, wo sie Vereinigung findet, den verborgenen Gegensatz erschaut, und wo sie auf den Gegensatz stößt, die verborgene Einheit.

Es ist die Sache des gedankenvollen Witzes, die vielseitige und vieldeutige Natur unserer Vorstellungen schnell und spielend zu durchschauen und eine Form zu entwickeln, die weiter reicht und tiefer dringt als das Oxymoron. Dieses legt seine Pointe in den Schein der Ungereimtheit und spielt mit Gegensätzen, die, bei Licht besehen, keine sind. Wenn man das Reden nicht bloß von dem Gebrauch der Worte versteht, sondern in dem weiteren Sinne nimmt, wo es auch eine körperliche Beredsamkeit gibt, und jede ausdrucksvolle Gebärde sprechend genannt wird, so sind Schweigen und Reden gar keine Gegensätze, und das beredte Schweigen auch nicht dem Scheine nach ein viereckiger Zirkel, sondern ein runder. Und wenn man nach Talleyrands Art redet, um seine Gedanken zu verbergen, so teilt man andere Gedanken mit, als man hat, aber man hört nicht auf Gedanken mitzuteilen. Der Gebrauch der täuschenden Rede ist also keineswegs der natürlichen Absicht der Sprache wirklich entgegengesetzt. Die Gegensätze, mit denen das Oxymoron spielt, sind demnach nur scheinbar, in Wahrheit ungültig. Fällt aber der Schein des Gegensatzes weg und damit der Schein der Ungereimtheit, so enthält das Oxymoron eine Allerweltswahrheit, die auf platter Hand liegt. Wer wüßte nicht, daß es ein ausdrucksvolles Schweigen gibt? Wer wüßte nicht, daß es Reden gibt, welche die Absicht haben zu täuschen?

Es handelt sich jetzt um das Spiel der durchdringenden Urteilskraft, um den Witz, der *eine verborgene Wahrheit* leicht und schnell zu Tage fördert. Zur Pointe dieses Witzes gehört der Gegensatz der Vorstellungen, nicht der scheinbare, sondern der gültige: darum ist die Form, worin er spielt, notwendig die *Entgegensetzung* oder *Antithese*. Die Wahrheit wäre nicht verborgen, wenn sie auf der Oberfläche der gewöhnlichen Vorstellungen läge, unter den Allerweltswahrheiten auf platter Hand, vielmehr tritt sie diesen entgegen und schlägt sie nieder, so daß sich der ganze Gegensatz erleuchtet zwischen dem tieferblickenden Urteil und dem platten: die Antithese bildet daher einen *Kontrast*. Endlich wird die verborgene Wahrheit nicht gelehrt oder entwickelt, sondern spielend erhellt, sie ist mit einem Mal da und überrascht durch ihren Kontrast, sie erscheint mithin als das Gegenteil dessen, was man erwartet, also sie spannt eine Erwartung und löst die Spannung durch das unerwartete Gegenteil: so vollendet sich der Kontrast in einer *epigrammatischen* Wirkung. Deshalb möge das spielende Urteil in dieser seiner höchsten Form der *epigrammatische Witz* heißen. Unter den Neueren hat die Kraft dieses Witzes niemand in größerer Stärke gehabt als Lessing; sie war die von Natur angelegte Grundform seines Geistes, die nicht bloß in dem eigentlichen Epigramm, sondern ebensosehr in seinen Liedern, Erzählungen, Fabeln, Dramen und Streitschriften zu Tage tritt. Ein paar einfache und bekannte Beispiele sollen den Charakter und Wert dieses Gedankenspiels anschaulich machen.

Was die Leute loben und preisen hören, gilt ihnen, weil es der Markt sagt, für das Preiswürdige und Vortreffliche; wie sollten sie anders urteilen, da sie weder prüfen, noch fähig sind zu prüfen? Wer in die Sinnesart der Menge einen etwas tieferen Blick getan, weiß, wie verblendet und einfältig sie urteilt, und daß zwischen Beifall und wirklichem Wert oft eine große Kluft liegt. Hier ist der Kontrast, den uns ein Wort erleuchte. Als eine Rede Phokions beklatscht wurde, frug er: »Was habe ich Dummes gesagt?« Es gehört nicht viel Verstand dazu, um den Nutzen eines guten Gedächtnisses einzusehen, und wenn man nichts sieht als diesen Nutzen, der auf flacher Hand liegt, so erscheint ein Gedächtnis wünschenswert, das wo möglich alles behält; wogegen der schärfere Blick leicht erkennt, wie viel Last und Ballast in ein solches Gedächtnis miteingehen. Als ein Gedächtniskünstler dem Themistokles die Kunst lehren wollte, alles zu behalten, fragte dieser: »Verstehst du auch die Kunst zu vergessen?« Als Parmenio dem Alexander riet: »Ich würde die Vorschläge des Darius annehmen, wenn ich Alexander wäre«, antwortete dieser mit jenem großen Kontrast, der nicht treffender sein konnte: »Ich auch, wenn ich Parmenio wäre!« Die Alten haben solche Aussprüche in Fülle. Die Schulweisheit und das Universum: für den gläubigen Schüler welche herrliche Weisheit; für das durchschauende Urteil welcher Kontrast! »Es gibt mehr Dinge im Himmel und auf Erden, als eure Schulweisheit sich träumt!« sagt Hamlet zu Horatio. Lichtenberg tut, als ob er die Schulweisheit in Schutz nehmen und in ihrer vollen Geltung wiederherstellen wolle und bemerkt sehr witzig: »Aber es gibt auch vieles in der Schulweisheit, das sich weder im Himmel noch auf Erden findet«. Diese beiden Aussprüche Hamlets und Lichtenbergs geben einen Doppelkontrast und bilden zusammen ein vortreffliches Epigramm.

Der französische Odendichter J. B. Rousseau schrieb eine Ode an die Nachwelt (à la posterité); Voltaire fand, daß der Wert des Gedichtes dasselbe keineswegs berechtige, auf die Nachwelt zu kommen, und sagte witzig: »Dieses Gedicht wird nicht an seine Adresse gelangen«.

Da ich Lessing angeführt habe, der die Bedingungen der epigrammatischen Dichtung ebenso gut durchschaute als bemeisterte, so will ich, um durch Lessingsche Beispiele meine Erklärung zu unterstützen, an zwei seiner frühesten Sinngedichte erinnern. Er kannte den skandalösen Prozeß zwischen Voltaire und dem Berliner Handelsjuden Abraham Hirsch und wußte, wie sich beide gegenseitig betrogen hatten, am Ende aber der Jude der übervorteilte war. Das Sinngedicht spannt die Erwartung, ein Wettkampf habe stattgefunden zwischen dem schlauesten Hebräer und dem witzigsten Franzosen, schon scheint es, jener habe gesiegt, da wendet sich die Sache und der Preis bleibt dem Dichter. Der Jünger Apollons triumphiert über den Jünger Merkurs:

> Ja, ja, du wachtest selbst für deinen braven Sohn,
> Apoll, und Spott und Reu' ward seines Feindes Lohn.
> Du selbst! – Doch wackrer Gott, dich aus dem Spiel zu lassen
> Und kurz und gut den Grund zu fassen,
> Warum die List
> Dem Juden nicht gelungen ist;
> So fällt die Antwort ungefähr:
> Herr Voltaire war ein größerer Schelm als er!

In dem literarischen Streite zwischen Gottsched und Klopstock hatte jener bekanntlich dem Dichter des Messias in dem Freiherrn von Schönaich einen siegreichen Nebenbuhler aufstellen wollen und die lächerliche Anmaßung gehabt, eines der langweiligsten Gedichte, die jemals geschrieben wurden, Schönaichs Hermannias, mit dem Dichterlorbeer zu krönen. Hier bieten sich eine Menge epigrammatischer Kontraste und Vergleichungen: ein solcher Held, wie Hermann, und ein solcher Dichter, wie Schönaich; ein solcher Dichter, wie Schönaich, und ein solcher Kritiker, wie Gottsched! Hermann verdiente einen anderen Dichter, aber dieser Dichter verdiente keinen anderen Lohn, als den Lorbeer aus Gottscheds Händen; dieser Lohn ist die gerechte Vergeltung für jene poetische Untat, Gottsched ist nicht Richter, sondern Rächer wider Willen. Hier ist der Kontrast, der dem witzigen Sinngedicht die Pointe gibt:

»Dir Gott der Dichter muß ich's klagen«,
Sprach Hermann, »Schönaich darf es wagen
Und singt ein schläfrig Lied von mir.«
»Sei ruhig«, hat Apoll gesprochen,
»Der Frevel ist bereits gerochen,
Denn Gottsched krönet ihn dafür.«

Man hat unter den Beispielen, die hierher gehören, sehr häufig jenen Ausspruch Schillers angeführt, der den deutschen Minnegesang in dem eintönigen Wechsel seiner Vorstellungen und in der Wirkung, welche diese Art der Poesie zurückläßt, so schildert: »Es ist der Frühling, der kommt, der Winter, der geht, und die Langeweile, die bleibt«. Dieser Ausspruch enthält eine dreifache Pointe: 1. die Antithese zwischen dem, was kommt und geht, und dem was bleibt, 2. den Kontrast zwischen den Empfindungen des Sängers und der Langeweile des Lesers und 3. die epigrammatische Wendung, welche die Erwartung spannt auf das, was noch weiter im Minnegesang geschieht, und plötzlich überrascht mit dem Eindruck in uns.

VIII. Der satirische Witz

In der epigrammatischen Wendung steht der Witz auf seiner Höhe und bewegt sich in seinem eigentlichen Element: sein Inhalt ist das gedankenvolle treffende Urteil, seine Form der Kontrast. Was die komische Vorstellungsweise ihrer ganzen Anlage nach ist, nämlich jener Kontrast, in welchem die freie und überlegene Betrachtung lachend herabsieht auf die Hemmungen und Verunstaltungen der Dinge: diese Grundform erscheint hier in der entwickelten und geistreichen Form des witzigen Urteils. In diesem Kontrast trägt die eine Seite den Mangel, das Gebrechen, irgendeine Art der Verunstaltung, sie wird im Witz getroffen, erleuchtet, komisch preisgegeben oder lächerlich gemacht: je treffender das Urteil, um so schärfer der Kontrast, um so spitziger die Pointe, um so lächerlicher das getroffene Objekt. Auf der Seite des Witzes, der seines Pfeiles sicher ist, steht immer das Gefühl der überlegenen Geisteskraft, der durchschauende Blick, der auf das Objekt ihm gegenüber herabsieht, mit dem erhabenen Bewußtsein, das nur die eine Vergleichung kennt: »Ich auch, wenn ich Parmenio wäre!« In den Beispielen, die wir soeben kennengelernt, war schon die Gegenseite des Kontrastes jedesmal eine Schwäche: die Urteilslosigkeit der Masse, die Eitelkeit der Gedächtniskunst, der Unwert eines poetischen Machwerks, die Langweiligkeit einer einförmigen Poesie, die Leere der Schulweisheit u. s. f.

Gegenüber dem Reiche des Häßlichen, den Mängeln und Gebrechen der Welt entwickelt sich in dem epigrammatischen Witz die Pointe immer mehr zur durchbohrenden Spitze, zum Pfeil und Stachel, und in demselben Maße, als diese Anlage zur Geltung kommt und in die Absicht des Witzes selbst eingeht, nimmt der letztere die Richtung der *Satire* und des *Sarkasmus*. Und Zielscheiben gibt es die Fülle. Ihm gegenüber steht eine Welt von Mängeln und Gebrechen, von Hemmungen und Verunstaltungen, das ganze Reich des Häßlichen, das in dem heiteren Lichte der ästhetischen Vorstellung sich komisch oder lächerlich ausnimmt: ihm gegenüber steht das ganze Reich des Lächerlichen. Hier hält der Witz seinen Umgang, und es ist nun nicht mehr mit einem bloßen Wort, einer Wendung, einem Urteile getan, das hier und da einen Gegenstand trifft, sondern ein Stück Welt und Menschenleben fällt in die Beleuchtung des Witzes. Jetzt erweitert sich die witzige Vorstellungsweise und breitet sich aus, sie gewinnt einen größeren Spielraum und wird beschreibend, schildernd, erzählend. Aus dem witzigen Urteil wird die witzige Darstellungsweise und Schreibart, die kaum einen gelegeneren und günstigeren Stoff finden kann, als Gegenstände, die sie aus dem vollen Element der ästhetischen Freiheit schöpft, wie Reiseeindrücke und Reiseerlebnisse, wofür es wohl kein näheres Beispiel gibt als »Heines Reisebilder«. Wir verhalten uns ästhetisch vorstellend, wenn wir die Welteindrücke empfangen, wie der Maler sie darstellt, rein als Bild, und wenn uns der Maler die Bilder einer häßlichen Menschenwelt gibt, die Bilder ihrer Gebrechen, Torheiten und Laster, so wird er bei den Schranken seiner Kunst vieles nur andeuten und erraten lassen können, was der Witz durchschaut und erleuchtet. Hier kann der witzige Schriftsteller den witzigen Maler vortrefflich ergänzen und divinierend erklären, wenn er sich zu den Bildern ebenso frei, entdeckend, hervorhebend verhält, wie der Maler zu den Gegenständen selbst. Als Beispiel diene »Lichtenbergs Erklärung zu Hogarths Kupferstichen«.

1. Der karikierende oder bildliche Witz

Nehmen wir das niedrigste Objekt der komischen Vorstellung, eine häßliche Erscheinung körperlicher Art, so ist hier die nächste und eigentliche Karikatur das Bildwerk von der Hand des Malers. Will nun der Witz eine solche Häßlichkeit erleuchten und lächerlich machen, so muß er in seiner Weise tun, was die Karikatur leistet: er muß karikieren, um zu verdeutlichen, und bildlich reden, um zu versinnlichen, die bildliche Rede ist die vergleichende: daher besteht der Witz, wenn er ein körperliches Objekt zur Zielscheibe nimmt, in lauter vergleichenden Urteilen, die nur dann witzig sind, wenn das Bild, womit sie vergleichen, ein spielender, bei aller Übertreibung treffender und zugleich unerwarteter und überraschender Einfall ist.

Ich erinnere an das ergötzliche Zwiegespräch zwischen Bardolph und Falstaff, die sich gegenseitig aufziehen; dieser nimmt den feisten Bauch des lustigen Ritters, Fallstaff die rote Weinnase Bardolphs zu seiner Zielscheibe, nur daß der Witz des letzteren nicht weiter reicht als zu einem wohlfeilen Wortspiele, Fallstaffs Witz dagegen in einer unerschöpflichen Fülle komischer Vergleichungen sprudelt. Daß Fallstaffs Sitten seinem Bauche gleichen, ist alles, was Bardolph zu sagen weiß: »Ihr seid so fett, Sir John, daß ihr wohl außer allen Schranken sein müßt, außer allen erdenklichen Schranken, Sir John.« »Bessere du dein Gesicht, so will ich mein Leben bessern. Du bist unser Admiralschiff, du trägst die Laterne am Steuerverdeck, aber sie steckt dir in der Nase, du bist der Ritter von der brennenden Lampe.« »Ich sehe dein Gesicht niemals, ohne an das höllische Feuer zu denken und an den reichen Mann, der in Purpurkleidern lebte, denn da sitzt er in seiner Tracht und brennt und brennt. Wärst du einigermaßen der Tugend ergeben, so wollt' ich bei deinem Gesicht schwören, mein Schwur sollte sein: bei diesem flammenden Cherubschwerte! Aber du liegst ganz im Argen, und wenn es nicht das Licht in deinem Gesicht täte, wärst du gänzlich ein Kind der Finsternis. O du bist ein beständiger Fackelzug, ein unauslöschliches Freudenfeuer! Du hast mir an die tausend Mark für Kerzen und Fackeln erspart, wenn ich mit dir Nachts von Schenke zu Schenke wanderte; aber für den Sekt, den du mir getrunken hast, hätte ich bei dem teuersten Lichterzieher von Europa ebenso wohlfeil Lichter haben können. Seit zweiunddreißig Jahren nunmehr habe ich diesen deinen Salamander mit Feuer unterhalten, der Himmel lohne es mir!«

Hier ist Bardolphs rote Nase das Thema zu einer Menge witziger Einfälle und Vergleichungen, die sich in einer Fülle von Variationen ergehen. Was kann einer Falstaffsphantasie bei einer Burgundernase nicht alles einfallen: die Laterne am Steuerverdeck, ein Wappenschild von der brennenden Lampe, das höllische Feuer, der reiche Mann in Purpurkleidern, das flammende Cherubschwert, ein Fackelzug, ein Freudenfeuer, Kerzen und Fackeln, die des Nachts zum Wirtshause leuchten, ein Salamander u. s. f.

2. Der charakterisierende Witz

Indessen ist in solchen Vergleichungen, so karikierend und komisch sie sind, wenig Charakteristisches enthalten und in dem gegebenen Falle nichts, das nicht ebensogut von jeder anderen Weinnase gelten könnte. Der satirische Witz sucht die Person, und muß, um sie zu treffen, dieselbe zunächst in ihrer äußeren Erscheinung so charakteristisch erleuchten, daß wir sie leibhaftig vor uns sehen. Seine Karikatur sei ein Porträt, jede seiner komischen Vergleichungen sei ein sprechender Zug nach dem Leben! Wenn z. B. Falstaff seine Rekruten beschreibt oder seinen Freund, den Friedensrichter Schaal, so treten in dem Lichte seiner witzigen Schilderung diese Figuren so deutlich hervor, daß sich das Bild derselben uns unvergeßlich einprägt. Man sieht diese Rekruten vor sich: »Ich hob keine aus als solche Butterbemmen, mit Herzen im Leibe, nicht größer als Stecknadelköpfe; die haben sich losgekauft, und nun besteht meine ganze Truppe aus Fähndrichen, Lieutenants, Korporalen, Dienstgefreiten, Kerlen, die so zerlumpt sind, wie Lazarus auf gemalten Tapeten, wo die Hunde des reichen Mannes ihm die Schwären lecken; abgedankte, nichtsnutzige Bediente, junge Söhne von jüngeren Brüdern, rebellische Küfer, bankerotte Schenkwirte, das Ungeziefer einer ruhigen Welt und eines langen Friedens, zehnmal schmählicher zerlumpt als eine alte geflickte Standarte, man sollte denken, ich hätte hundertfünfzig abgelumpte verlorene Söhne, die eben vom Schweinehüten und Treberfressen kämen. Ein toller Kerl begegnete mir unterwegs und sagte mir: ich hätte alle Galgen abgeladen und die toten Leichname geworben. Kein menschliches Auge hat je solche Vogelscheuchen gesehen. Die Schurken marschieren auch so mit gesperrten Beinen, als wenn sie Fußeisen anhätten, freilich kriegte ich die meisten darunter aus dem Gefängnis. Nur anderthalb Hemden gibt es in meiner Compagnie, und das halbe besteht aus zwei zusammengenähten Servietten, die über die Schultern geworfen sind, wie ein Heroldsmantel ohne Ärmel u. s. f.« Und der Friedensrichter Schaal, ist er nicht zum Sprechen getroffen, wenn ihn Falstaff mit ein paar Worten so schildert: »Dieser schmächtige Friedensrichter hat mir in einem fort von der Wildheit seiner Jugend vorgeschwatzt, und ums dritte Wort eine Lüge, dem Zuhörer richtiger ausbezahlt als der Tribut dem Großtürken. Ich erinnere mich seiner in Clemenshof, da war er, wie ein Männchen, nach dem Essen aus Käserinde verfertigt; wenn er nackt war, sah er natürlich aus wie ein gespaltener Rettich, an dem man ein lächerliches Gesicht mit einem Messer ausgeschnitten hat, er war so schmächtig, daß ein stumpfes Gesicht gar keine Breite und Dicke an ihm wahrnehmen konnte u. s. f.«

Unter den Deutschen hat sich in diesem karikierenden und zugleich porträtierenden Witz Heines Phantasie besonders begabt und auf ihre Art fruchtbar gezeigt. Unwillkürlich kommen mir jene beiden weiblichen Passagiere im Gasthause von Nordheim, die er in seiner Harzreise beschreibt: »Die eine Dame war die Frau Gemahlin, eine gar große weitläufige Dame, ein rotes Quadratmeilengesicht mit Grübchen in den Wangen, die wie Spucknäpfe für Liebesgötter aussahen, ein langfleischig herabhängendes Unterkinn, das eine schlechte Fortsetzung des Gesichtes zu sein schien« u. s. w. »Die andere Dame, die Frau Schwester, bildete ganz den Gegensatz der eben beschriebenen. Stammte jene von Pharaos fetten Kühen, so stammte diese von den mageren. Das Gesicht war nur ein Mund zwischen zwei Ohren, die Brust trostlos öde, wie die

Lüneburger Heide, die ganze ausgekochte Gestalt glich einem Freitisch für arme Theologen.«

Eine überraschende und sehr pikante Art satirischer Vergleichung entsteht, wenn Züge, die als Mängel, Häßlichkeit u. s. f. hervorgehoben werden sollen, unter dem Schein *idealer* Ähnlichkeiten vorgestellt werden. Die Vergleichung geht auf einen Gegenstand, dessen Bild jede Karikatur ausschließt, und läßt von hier aus an dem verglichenen Objekt die Karikatur, die sie sarkastisch erleuchten will, um so greller hervortreten. So vergleicht z. B. Heine ein weibliches Mißgeschick mit dem Ideale der glücklichsten und heitersten Anmut: »die Schönsten bleiben sitzen, sie gleichen darin den Grazien, die auch sitzen geblieben sind«. Oder er verspottet eine auffallend häßliche Frau durch ihre Ähnlichkeiten mit dem höchsten Ideale weiblicher Schönheit: »Diese Frau glich in vielen Punkten der Venus von Melos: sie ist auch außerordentlich alt, hat ebenfalls keine Zähne und auf der gelblichen Oberfläche ihres Körpers einige weiße Flecken« u. s. w.

3. Die witzige Charakterkarikatur

Lassen wir den satirischen Witz noch tiefer eindringen in die Charaktereigentümlichkeit seines Objekts: er schildere nicht bloß die äußere Erscheinung, sondern die Empfindungsweise, den Seelenzustand, die kleinlichen Begehrungen, die schon als solche in das Gebiet des Lächerlichen fallen und doppelt komisch werden, wenn die Personen das Gegenteil von dem scheinen wollen oder sollen, was sie sind oder empfinden. Dieses Stück aus dem menschlichen Seelenleben erleuchte uns der satirische Witz an einem gegebenen Fall, er löse daraus durch das Spiel der Vergleichung und Verbildlichung die Charakterkarikatur, er male uns diese Figuren in ihren Empfindungen und Gebärden so anschaulich, daß wir sie vor uns sehen.

Die witzige Charakterkarikatur.

Geizhals: »Da mir, wie Sie sagen, doch nimmer zu helfen ist, wäre es mir lieb, wenn Sie es so einrichten könnten, daß ich noch vor Neujahr abfahre!« – *Arzt:* »Warum denn das?« – *Geizhals:* »Weil ich da eine Menge Trinkgelder ersparen könnte!«

Einer der witzigsten Seelenmaler war ohne Zweifel Jean Paul. Er wußte, daß die komische Vorstellung ihren Gegenstand so intensiv als möglich zu erleuchten und zu verdeutlichen hat, daß sie ihn detaillieren und wieder detaillieren muß, um die Kleinheiten und Mängel, mit einem Wort die Karikatur zum Vorschein zu bringen. Jedes Mikroskop, wodurch wir die Menschen betrachten, karikiert. Jean Paul kannte diese Kunst und besaß sie, der Wahlspruch seines Humors hieß darum: »vive la bagatelle!«

Um zu zeigen, wie witzig Jean Paul es verstanden hat, Charakterkarikaturen zu entdecken und wiederzugeben, nehme ich als Beispiel den Anfang seiner »Flegeljahre«. Die Geschichte beginnt mit der Eröffnung von Kabels Testament, das Haus des Verstorbenen soll unter seinen sieben Anverwandten dem zufallen, der in der ersten halben Stunde nach Verlesung des Testamtents eine oder ein paar Tränen vergießt; der Testamentsvollstrecker sitzt da, die Uhr in der Hand, und wartet, wer zuerst die bezahlten Tränen fließen läßt, die sieben Anverwandten stehen da, innerlich empört über diese Forderung des seligen Onkels, zugleich angenehm gelockt durch die Aussicht auf das zu erbende Haus und ohne jede Spur der Rührung genötigt, Tränen zu vergießen. Hier heißt es nicht »ein Königreich für ein Pferd«, sondern ein Haus für eine Träne! Hören wir nun, wie Jean Paul diese Situation schildert, wie er die Personen im einzelnen unter der Lupe betrachtet, »diese sieben gleichsam zum Weinen vereinigten trockenen Provinzen«, und das Licht so auf jede fallen läßt, daß die Charaktereigentümlichkeit als Karikatur hervorspringt. Unter den hoffnungsvollen Erben ist ein Buchhändler, der in der Eile an alle rührenden Stoffe seiner Verlagsartikel denkt, um aus dieser ihm nächsten Quelle die Tränen zu beziehen, die er so notwendig braucht. Diese Gemütslage und ihren Gebärdenausdruck schildert Jean Paul, indem er die

Züge detailliert: »Der listige Buchhändler *Pasvogel* machte sich sofort still an die Sache selbst und durchging alles Rührende, das er teils im Verlag hatte, teils in Kommission; er sah dabei aus wie ein Hund, der das Brechmittel, das ihm der Pariser Hundearzt Demet auf die Nase gestrichen, langsam ableckt«. Es ist nicht genug, daß er den Pariser Arzt anführt, er nennt auch seinen Namen; es ist, als ob er den Lesern wohlwollend zuwinkt: »wenn Sie ein ähnliches Mittel nötig haben sollten, der Mann heißt Demet!« – Ein zweiter Erbe, der Hoffiskal *Knol* erscheint in höchst trauriger Grimasse wie einer, der unter dem Rasiermesser etwas vom Marsyas empfindet. Dies malt Jean Paul ins Detail und gibt in wenigen Zügen ein unübertreffliches Genrebild: »Der Hoffiskal Knol verzog sein Gesicht wie ein Schuster, der Sonnabend abends bei einem Dreierlicht von seinem Gesellen rasiert und radiert wird«. Da ist nichts mehr hinzuzufügen, die witzige Karikatur ist vollendet! – Der eigentliche Wettstreit aber ist zwischen dem Kirchenrat *Glanz* und dem Frühprediger *Flachs*. »Der Frühprediger Flachs sah aus wie ein reitender Betteljude, mit dem der Hengst durchgeht«, er erinnert sich an allen Haus- und Kirchenjammer, er sammelt die besten schwülsten Wolken, und sein Herz, wie eine Sonne vor elendem Wetter, ist schon nahe daran, das nötigste Wasser aufzuziehen, aber das Haus kommt ihm immer dazwischen, als ein gar zu erfreulicher Anblick. Da erhebt sich der Kirchenrat. Er kannte seine Natur aus Neujahrs- und Leichenpredigten, er wußte gewiß, da er sich selbst zuerst erweiche, sobald er an andere Erweichungsreden halte; er steht auf, da er sich und andere so lange am Trockenseile hängen sah, und sagt mit Würde: »Jeder, der seine gedruckten Werke gelesen, wisse, daß er ein Herz im Busen trage, das so heilige Zeichen, wie Tränen sind, eher zurückzudrängen, um keinen Nebenmenschen damit etwas zu entziehen, als mühsam hervorzuringen nötig habe aus Nebenabsichten«. »Dies Herz hat sie schon vergossen, aber heimlich, denn Kabel war mein Freund«, sagte er und sah umher. Mit Vergnügen bemerkte er, daß alle noch so trocken dasaßen wie die Korkhölzer. Bloß Flachsen schlug's heimlich zu, dieser dachte an die grauen Haare seiner Zuhörerinnen des Frühgottesdienstes, an den Lazarus mit seinen Hunden, in der Eile dachte er auch an seinen eigenen langen Sarg, an das Köpfen so mancher Menschen, an Werthers Leiden, an seine eigene augenblickliche erbärmliche Lage – »noch drei Stöße hatte er zu tun mit dem Pumpstiefel, so hatte er sein Wasser und Haus«. »O Kabel, mein Kabel«, fuhr Glanz fort, fast vor Freude weinend, daß ihm die Trauertränen so nahe waren, »einst wenn neben deine mit Erde bedeckte Brust voll Liebe auch die meinige zum Vermod« – »Ich glaube, meine verehrtesten Herren«, sagte Flachs, betrübt aufstehend und überfließend umhersehend, »ich weine«, setzte sich darauf nieder und ließ es vergnügter laufen, denn er war nun auf dem Trockenen. Vor den Accessitaugen hat er Glanzen das Preishaus weggefischt.

IX. Die Vollendung der komischen Vorstellungsweise

1. Rückblick

Aber ich sehe, daß der Witz, indem er Charakterkarikaturen leicht und spielend entdeckt, bildlich und anschaulich vor uns hinstellt, eine Tiefe erreicht und einen Umfang gewonnen hat, die über die eigentliche Grenze seiner Natur hinausgehen.

Seine Natur war das spielende Urteil, das vom Wortklang in den Wortsinn, vom Wort in den Gedanken einging, die Dummheit witzig fing und entblößte, sich selbst nicht fangen ließ, sondern jeden Versuch der Art witzig abfertigte und komisch scheitern machte, den in unseren Vorstellungen verborgenen Unsinn durchschaute und aufdeckte, die scheinbare

Ungereimtheit in seine Pointe verwandelte, die verborgene Wahrheit schlagend und epigrammatisch an das Licht brachte, das Häßliche satirisch und sarkastisch ergriff und zuletzt die verborgenen Karikaturen so charakteristisch erleuchtete und traf, daß wir sie vor uns sahen. So entwickelte sich der Witz, indem er seine Bahn stufenmäßig durchläuft, vom Sprechwitz zum Wortspiel, vom Wortspiel zum intellektuellen Witz und innerhalb des letzteren von den leichten Formen und Spielen des Mutterwitzes durch das Oxymoron zum gedankenvollen Epigramm, zum beißenden Sarkasmus, zur menschenkundigen Satire. Die Charakterkarikatur ist ein Lebensbild, das zwar ohne den Witz unmöglich getroffen und ästhetisch vorgestellt, aber auch durch den bloßen Witz nicht allein ausgemacht und erfüllt werden kann; denn der Witz als solcher erschöpft sich in der Pointe, aber eine Pointe erschöpft nicht die Charakterkarikatur. Um diese zu lösen, braucht die ästhetische Vorstellungsweise den Witz als ihr Werkzeug, eben darum besteht sie nicht mehr im bloßen Witz, sondern erhebt sich auf eine höhere Stufe, welche den Witz in ihren Dienst nimmt und beherrscht. Und damit finde ich mich an der Grenze meines gegenwärtigen Themas.

Um nicht auf unbekanntes Land hinauszublicken, will ich mit wenigen Worten sagen, welches die nächste Form dieser höheren Vorstellungsweise sein wird.

2. Die Ironie

Die Karikatur war die verdeutlichte, hervorgehobene, ganz in das komische Gesichtsfeld gerückte Häßlichkeit, Verunstaltung, Verkehrtheit. Die Verunstaltung ist nur zu erkennen aus der echten und wahren Gestalt, denn diese ist es, die verunstaltet wird; das Verkehrte ist nur zu erkennen aus dem Richtigen, denn dieses ist, was verkehrt wird. Je deutlicher ich das Vollkommene vorstelle, um so klarer sehe ich das Unvollkommene; je heller mir die reine Form des Schönen einleuchtet, um so augenfälliger erscheint mir das Häßliche, ich kann die zweite Vorstellung nicht haben ohne die erste, ich kann sie nur haben in demselben Grade der Klarheit und Stärke. Soll sich daher die Karikatur vollenden, so muß sie in den allernächsten und unmittelbarsten Kontrast mit ihrem Gegenteil treten; soll die Verunstaltung ganz einleuchtend sein, so muß ich sie in der allergrößten Nähe der wahren und richtigen Gestalt sehen, ich muß beide *zugleich* sehen, beide in einen und denselben Punkt, in *eine* Vorstellung, in ein Urteil zusammenfallen lassen. Die Karikatur stehe dem Ideale des Schönen nicht mehr gegenüber, sondern sie sei oder spiele selbst dieses Ideal: die Torheit nehme den Schein der Weisheit, die Verkehrtheit den Schein des Richtigen und Vortrefflichen, die Schwäche spiele die Kraft, und das ganze Geschlecht des Unvollkommenen kann nicht häßlicher, verkehrter, mangelhafter erscheinen als in diesem Spiel. Ich kann den Thersites nicht ärger karikieren, als wenn ich ihn den Achilles oder Apollon spielen lasse. Je näher das Ideal der Karikatur gleichsam auf den Leib rückt, um so deutlicher kommt die letztere zum Vorschein, und sie ist wie mit einem Schlage ganz und vollkommen erleuchtet, wenn sie gleichsam eines wird mit dem Ideal und selbst in dessen Stelle eintritt. Jetzt sehen wir in sonnenhellster Klarheit alles, was die Karikatur vom Ideal unterscheidet, alle die Gebrechen, Mängel und Hemmungen, die sie zu dem machen, was sie ist.

Um gleich ein bekanntes Beispiel zu nehmen: man hat so oft über die alte Schullogik gespottet, wie wenig sie dem natürlichen Denken entspreche, wie künstlich sie dessen Formen verrenke, wie inhaltlos, langweilig, unfruchtbar sie sei u. s. f.; diese Karikatur einer Wissenschaft ganz zu erleuchten und einleuchten zu lassen, preise man sie als ein Ideal von Wissenschaft, lasse ihre Mängel im Lichte großer Tugenden, ihre Sterilitäten als die nützlichsten Dinge erscheinen, und die Karikatur ist vollendet, so vollendet, daß vor dieser Vorstellungsart alle bloß witzigen Einfälle verstummen:

Mein teurer Freund, ich rat euch drum
Zuerst *collegium logicum*,
Da wird der Geist auch recht dressiert,
In span'sche Stiefeln eingeschnürt u. s. f.

Seit diese Worte gesagt worden sind, hat der Spott, so oft er jenes Objekt zur Zielscheibe nahm, kaum etwas anderes getan, als sie zu wiederholen.

Die Vorstellungsart, von der ich rede, ist *die Ironie*. Sie ist bei weitem höher und vernichtender, weit treffender und durchdringender als der Witz, dieser hat in der Vorstellung eines Gegenstandes seine guten Einfälle und springt von einem fort auf den andern; die Ironie bleibt bei der Sache, sie vergleicht den Gegenstand nicht mit diesem und jenem, sondern mit ihm selbst, mit seiner eigenen Natur, mit dem was er nicht ist, aber sein möchte, sie vergleicht ihn nicht nur mit diesem seinem eigenen Ideal, sondern läßt ihn dieses Ideal sein, und so spielt sie nicht bloß an ihm vorüber, sondern durchdringt ihn gänzlich und erleuchtet seine innerste Eigentümlichkeit. Die Torheiten der Schildbürger erscheinen als bewunderungswürdige Weisheit; jetzt erst sind sie erleuchtet und durchdrungen, denn sie wären ja nicht so töricht, wie sie sind, wenn sie sich nicht selbst für sehr weise hielten. Der bloße Spott über ihre Torheit tut ihnen viel zu wenig und trifft sie gar nicht in ihrem innersten Wesen.

Jeder Mensch hat seinen Schildbürger in sich. Es ist Menschenart, seine Unvollkommenheiten und Gebrechen für Vollkommenheiten, seine Schwächen für Tugenden, seine eitlen und selbstsüchtigen Motive für Meisterstücke von Uneigennützigkeit zu halten. Und da es so ist, so erleuchtet die ironische Betrachtungsweise in den menschlichen Charakteren nicht bloß, was sie *sind*, sondern auch was sie glauben, daß sie sind, was sie zu sein sich *einbilden*, sie erleuchtet sie eben deshalb ganz bis in den Abgrund ihrer Einbildung, bis in den Schlupfwinkel ihres Selbstbewußtseins, sie dringt bis in die verborgenen Triebfedern des Charakters und enthüllt nicht bloß sein Bild, sondern zugleich das *heimliche Spiegelbild*, welches jeder selbst von sich macht und im Stillen mit sich herumträgt.

So weit reicht kein Witz. Darum ist die Ironie so vernichtend, weil wir mit einem Mal dieses unser heimliches Spiegelbild in anderen Händen sehen und völlig enthüllt, es ist aus mit dem selbstgefälligen Incognito, und wenn wir die ästhetischen Vorstellungsweisen gleich einem Drama nach Akten unterscheiden, so können wir merken, daß wir dem Ende nahe sind. In der Ironie ist die ästhetische Vorstellung ein Spiegel geworden, in dem nicht bloß wir die enthüllten Charaktere auf das Hellste erkennen, sondern diese sich selbst, wenn nämlich der Spiegel der Ironie so fein geschliffen ist, wie in jenen »epistolae obscurorum virorum«. Diese ließen die Mönche sich selbst schildern in ihrer ganzen Geistesart, wie sie leibt und lebt, und was taten die Dunkelmänner? Sie frohlockten zuerst über dieses gelungene Porträt, verbreiteten selbst die Briefe und meinten, daß dieselben nicht von den bösen Humanisten, sondern von ihren besten Freunden geschrieben wären.

3. Der Humor

Noch ein Schritt, und die ästhetische Vorstellungsweise wird zur Selbsterkenntnis, womit sich die wahrhaft freie Betrachtung der Dinge vollendet. Jeder hat seinen Teil an dem Häßlichen, der Karikatur, dem Lächerlichen, jeder hat mehr als eine Stelle, die dem Witz eine Zielscheibe bietet, jeder ist in seinen eingebildeten Vollkommenheiten, die in Wahrheit so viele Unvollkommenheiten sind, in seinen Scheinwerten, die in Wahrheit so viele Unwerte sind, ein Gegenstand der Ironie. Wenn er die Torheiten und Gebrechen anderer witzig zu treffen und in der Ironie bis auf den Grund zu erleuchten versteht, so vergesse er nicht, daß er mit zur Familie gehört. Was die Wahrheit in Musengestalt dem größten unserer Dichter gesagt hat: »Wie viel bist du von andern unterschieden!« sage jeder sich selbst.

Ich meine das Höchste und Tiefste, was der Mensch an sich vollbringen kann: *die volle und wahre Selbsterkenntnis*, die nicht möglich ist ohne eine helle Erleuchtung der eigenen Karikatur, ohne sich selbst lächerlich zu scheinen, ohne die komische Vorstellung der anderen heiter über sich ergehen zu lassen. Diese Selbsterkenntnis im heiteren Licht der ästhetischen Betrachtung ist nicht mehr Ironie, sondern *Humor*. Und im Rückblick auf alle vorangegangenen Entwicklungsstufen der ästhetischen Vorstellungsweise können wir sagen: »das ist wirklich der Humor davon!«

Hier ist die ästhetische Freiheit vollendet. Sie ist im Humor zur Empfindungsweise und Gemütsart geworden, ein nie versiegender Strom, der immer wieder jene Muscheln und Tangen, die uns umwachsen wollen, mit sich fortspült, nie duldet, daß wir verknechtet an den Dingen und an dem Staube der Dinge kleben bleiben, sondern uns zurücknimmt in das flüssige Element der ästhetischen Freiheit. Wer keinen Humor hat, dem fehlt das Bedürfnis und die Fähigkeit der ästhetischen Freiheit, der ist in der Tat das Gegenteil alles Humors, d. h. ganz *trocken* und darum völlig ungenießbar. Hier sind alle Formen und Stufen der ästhetischen Vorstellungsweise beisammen, denn der Humor ist für alle empfänglich, für alles Erhabene und Komische: von dem Erhabenen ergriffen bis zur tiefsten Rührung, von dem Komischen fortgerissen bis zur größten Lustigkeit.

Ich blicke noch einmal zurück nach dem Witz. Wo ist er geblieben mit seinem erhabenen Selbstgefühl, das seiner Höhe so sicher war, so olympisch sicher?

Der Humor duldet die vermeintlichen Erhabenheiten nicht und führt das menschliche Selbstgefühl von seiner eingebildeten Höhe wieder zurück in das richtige Geleis. Er hat den Witz nicht vertrieben, aber entthront, der Witz ist nicht mehr Meister, sondern Geselle, den der Humor braucht, gern spielen läßt und selbst mit ihm spielt. Möge der Witz treffen und vernichten, so viel er kann, er möge die Verunstaltungen entdecken, hervorholen und so hell als möglich erleuchten. Auch in der ästhetischen Welt müssen die Dinge offenbar werden, um gerichtet zu werden. Und so gelte der Witz im Reiche des Humors, was Mephistopheles gelten darf unter den Kindern des Lichts:

> Du darfst auch da nur frei erscheinen;
> Ich habe Deinesgleichen nie gehaßt.
> Von allen Geistern, die verneinen,
> Ist mir der Schalk am wenigsten zur Last.

BILDNACHWEISE

Die Geschichte eines Mißverhältnisses, das gewiß nicht ohne Folgen für die Philosophie geblieben ist.

Friedrich Wilhelm Korff

Der Philosoph und die Frau.

Zur Geschichte
einer Mesalliance.

*2. Aufl. 1995.
123 Seiten. geb. mit Abb.
29,– DM / 215,– öS / 28,50 sfr
(»Promenade 1«)
ISBN 3-9803240-4-4*

Kant, Hegel, Kierkegaard, Schopenhauer, Schelling – und ›die‹ Frau. Diese Essays beschreiben die Geschichte einer Mesalliance, die nun gewiß nicht ohne Folgen für die Philosophie geblieben ist, doch merkwürdigerweise kaum je die ihr gebührende Beachtung gefunden hat.

»Friedrich Wilhelm Korff bekämpft die flachen Vorurteile vieler Tiefdenker auf die beste Art: durch Wegschmunzeln.« *Der Spiegel*

»Eine allererfreulichste Lektüre.« *FAZ-Magazin*

»Ein ganz besonderes Vergnügen an der kleinen Sammlung besteht darin, die beigegebenen Porträts im Lichte der galanten Anmerkungen neu zu ›lesen‹.« *Süddeutsche Zeitung*

**verlegt von
Klöpfer & Meyer**

*Die »Promenade« wird von
Gert Ueding herausgegeben.*

Ein Bilder- und Geschichtenbuch,
ein kostbares Stück essayistischer Prosa
aufs Jahr 1790.

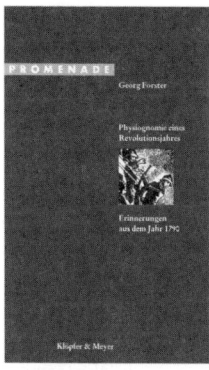

Georg Forster

Physiognomie eines Revolutions-jahres.

Erinnerungen
aus dem Jahr 1790.

1995. 161 Seiten. geb.
mit 20 zeitgenössischen
Kupferstichen
32,– DM / 237,– öS / 31,– sfr
(»Promenade 2«)
ISBN 3-9803240-5-2

Georg Forster war Aufklärer, Rationalist und Naturforscher, ein Abenteurer und Entdecker, den bürgerlichen Ideen seiner Zeit verschworen, aber doch nicht ihr kritikloser Lobredner. Seine »Erinnerungen aus dem Jahre 1790« zeigen den enthusiastischen Freiheitsdichter und nüchternen politischen Publizisten in einem: ein kostbares Stück essayistischer Prosa, ein physiognomisches Bilder- und Geschichtenbuch über Licht- und Schattenseiten der menschlichen Natur und Gesellschaft.

»Ein aufregendes Buch: Was immer hier erzählt wird, es soll endlich ›Licht ins Chaos der Geschichte‹ bringen.«
Schwäbisches Tagblatt

»Georg Forster über das Jahr eins: spannend und eigenwillig.« *Süddeutsche Zeitung*

verlegt von
Klöpfer & Meyer

Die »Promenade« wird von Gert Ueding herausgegeben.

»Alles muß man in dieser Welt erwarten, um, wenn es geschieht, nicht darüber zu zürnen, sondern zu lächeln.«

Adolph Freiherr von Knigge

Über Eigennutz und Undank.

Ein Gegenstück zu dem Buche: Über den Umgang mit Menschen.

1996. 151 Seiten. geb.
34,– DM / 252,– öS / 33,– sfr
(»Promenade 6«)
ISBN 3-931402-09-6

**verlegt von
Klöpfer & Meyer**

Adolph Freiherr von Knigge, dieser »Kenner der Menschen und Bestien«, so Heinrich Heine, ist vor gerade zweihundert Jahren dreiundvierzigjährig gestorben. Ein halbes Jahr vor seinem Tode gab Knigge noch seine letzte große Schrift, sein Vermächtnis »Über Eigennutz und Undank« in den Druck. In diesem Essay zeichnet er das Bild einer alles andere als anständigen Gesellschaft, deckt er die Pathologien bürgerlicher Rücksichtslosigkeit auf und entwickelt nüchterne – aber nicht ernüchterte – Strategien des Umgangs mit Menschen. Gemeinschaft und individuelles Glücksverlangen jenseits einer Kantischen Pflichtethik miteinander auszugleichen, das ist das große Thema seines letzten Werkes.

Adolph Freiherr von Knigge wurde am 16. Oktober 1752 in Bredenbeck bei Hannover geboren, er starb am 6. Mai 1796 in Bremen. Autor popular-philosophischer Schriften, Erzähler, Dramatiker, Übersetzer. Berühmtheit erlangte er vor allem durch sein Buch »Über den Umgang mit Menschen« (1798).

Eine wiederentdeckte, gar nicht verstaubte Bürger- und Stadtsatire aus dem Jahre 1821. Voller Esprit. Einfach zum Genießen.

Gerd Brinkhus (Hrsg.)

Ein Spaziergang durch Krähwinkel.

Nebst einigen Briefen aus demselben.

Von dem quiesc. Runkel-Rüben-Commissions-Assessor Sperling.

1995. 293 Seiten, geb. mit zahlr. Abbildungen aus dem Kladderadatsch 39,– DM / 289,– öS / 38,– sfr ISBN 3-9803240-3-6

verlegt von Klöpfer & Meyer

Dieser Sperlingsche Spaziergang durch Krähwinkel ist wahrlich ein entdeckenswertes und überaus vergnügliches Kabinettstückchen übers ›Menschliche‹ und ›Allzumenschliche‹, das an ›Zeitgenössischkeit‹ nichts verloren hat: eine trefflich-süffisante Zeitkritik fürs Jetztzeitalter im Gehrock des 19. Jahrhunderts.

»Der Witz Jean-Pauls geistert durch diese Seiten. Ein lohnendes Lesevergnügen, ein satirisches Sprachfeuerwerk, dem nichts heilig ist – nur der Humor.« *Neue Zürcher Zeitung*

»Ein aufwendiges, leserfreundliches Buch: eine literarische Entdeckung, mitunter geradezu valentinesk.« *Schwäbisches Tagblatt*

»Mit spitzer Feder wird die bürgerliche Lebensart seziert. Eine überraschend aktuelle Satire, ein liebevoll ausgestatteter Band.« *Rheinischer Merkur*

Die Deutsche Bibliothek – CIP-Einheitsaufnahme

Fischer, Kuno: Über den Witz : ein philosophischer Essay / von Kuno Fischer. – Tübingen : Klöpfer und Meyer, 1996
(Promenade ; 5)   ISBN 3-931402-01-0   NE: GT

Lektorat: Hubert Klöpfer, Tübingen. Satz und Herstellung: Klaus Meyer, Tübingen. Umschlag: Ute Ringwald, Frankfurt. Repros: Künstle, Tübingen. Druck: Gulde, Tübingen. Einband: Großbuchbinderei Heinrich Koch, Tübingen.